Im Zeichen der Krise
Nachhaltigkeit zwischen Authentizität und Verstellung

Aus Gründen der besseren Lesbarkeit wurde auf geschlechtsneutrale Schreibweisen verzichtet. Selbstverständlich sind Frauen und Männer gleichwertig gemeint.

Impressum:

ISBN: 978-3-902672-33-9

Gumpendorfer Straße 19, 1060 Wien

Produktion: Ilse Helmreich
Produktionsassistenz: Brigitte Lang
Layout: Elisabeth Waidhofer
Lektorat: Thomas Hazdra
Cover: iStockphoto
Herstellungsort: Wien

Anmerkung: Inner Wise® (S. 127 ff.) ist eine eingetragene Marke

Andrea Stoidl
Bernhard Pruckner-Fragner

Im Zeichen der Krise

Nachhaltigkeit zwischen Authentizität und Verstellung

echomedia
BUCHVERLAG

Inhalt

Zum Geleit 7

Vorwort ÖMG 11

Zwischen Authentizität und Inszenierung 15

Die lästigen Enthusiasten

Gespräche über den Versuch, Nachhaltigkeit in großen Unternehmen zu verankern 21

Mit Authentizität zum Erfolg

Unternehmer mit Herz, Hirn und Verantwortung – Unternehmer sehr persönlich 81

Anstelle eines Nachworts 141

Die Autoren 153

Zum Geleit

Das Thema Nachhaltigkeit und Authentizität des nunmehr 7. Buches der Österreichischen Marketing-Gesellschaft ist für die IP Österreich und die gesamte RTL-Gruppe von besonderer Bedeutung. Nicht nur „im Zeichen der Krise", sondern permanent seit Bestehen des Unternehmens.

Denn Nachhaltigkeit im Sinne von langfristiger Seherbindung ist einer der Lebensnerven des gesamten Medienkonzerns.

Aber wie passen schnelllebige Informationspolitik, das Buhlen um die Publikumsgunst im Wettlauf gegen den zahlreichen Mitbewerb, Werbeblöcke mit schrillen Lockangeboten der werbetreibenden Industrie oder die „leichte" Unterhaltungsbranche an sich zum verantwortungsvollen Umgang mit Ressourcen?

Für die IP Österreich und die RTL-Gruppe sind Verantwortung für andere keine leeren Worte. Denn Achtung

Mag. Gerhard Riedler
Geschäftsführer IP Österreich

und Respekt gegenüber Mensch und Umwelt machen sich letzten Endes immer bezahlt.

Ein einfaches Beispiel ist der bei Kindern überaus beliebte Sender Super-RTL. Auf dem Familiensender, seit Februar 1998 Marktführer bei den 3- bis 13-Jährigen in Deutschland, werden zahlreiche Serien geboten, die Kinder altersgerecht unterhalten. Dementsprechend wird der Jugendmedienschutz sehr genau beachtet. Und um dem Nachwuchs sowohl Spaß als auch spielerisch Wissen zu vermitteln, arbeiten die Programmverantwortlichen eng mit Elternverbänden, Lehrern und Psychologen zusammen.

Im Toggo Club auf toggo.de kann der Umgang mit dem PC und Social Networks auf sinnvolle Weise erlernt werden, helfen Videos aus bekannten Serien dabei, die Inhalte besser zu verarbeiten, finden Wissensdurstige Antworten auf Fragen aus der Welt der Wissenschaft und Forschung.

Der Toggolino Club ist ein edukatives, kostenpflichtiges, weil werbefreies Internetangebot, das über 100 Lernspiele für drei- bis siebenjährige Kinder bereithält.

Und naturnah geht es im Toggo Sommercamp zu, wo sich kleine Abenteurer z. B. auf der Insel Rügen an der Ostsee oder am Titisee im Schwarzwald nach Lust und Laune austoben können. Gesunde Ernährung, viel Bewegung und beste pädagogische Begleitung inklusive.

So werden aus Kindern weder „Couchpotatoes" noch „Dumpfbacken", aber treue Seher der RTL-Familie, die sich auf die journalistische Integrität und die Unterhaltungsqualität ihrer Sender verlassen können.

Mag. Gerhard Riedler
Geschäftsführer IP Österreich

Vorwort

Der September 2008 brachte erstmals das gesamte weltweite Wirtschaftsgerüst ins Wanken. Gier, Vernachlässigung der Sorgfaltspflicht, Skrupellosigkeit, Naivität und die ökonomische Verflechtung nahezu aller Nationen erzeugten eine Abwärtsspirale nach erfolgsverwöhnten Jahren der Prosperität. Die Weltwirtschaft wurde als riesiges Monopoly-Spiel entlarvt, Wallstreet-Gurus wurden entzaubert, bisweilen inhaftiert.

Plötzlich waren Anlageberater und Banker verpönt, Aktien und Anleihen glichen schmutzigem Falschgeld. Eine neue Bescheidenheit, die Rückbesinnung auf Werte wurden schick im neuen Biedermeier.

„Nachhaltigkeit" wurde zum wichtigen Vokabel im Management-Jargon.

Heute erfreut sich die Wirtschaft trotz mancher Nachzügler (USA) oder Ausreißer (Griechenland, Irland) eines schnelleren Genesungsprozesses als erwartet, und die Frage ist: Was blieb vom hehren Ansatz der Nachhaltigkeit?

Nachhaltigkeit wird im herkömmlichen Sprachgebrauch mit dem sorgsamen Umgang mit allen Ressourcen gleichgesetzt – sowohl menschlicher als auch umweltpolitischer, zeitlicher und energetischer Art. Doch wer macht sich dabei Gedanken über die daraus resultierenden tief reichenden Konsequenzen?

Denn insgeheim assoziieren viele mit dem Begriff „Nachhaltigkeit“ noch immer ökosoziale Träumerei, verlangsamtes oder geringeres Wirtschaftswachstum, zweckoptimistische Bescheidenheit, Umverteilung, Einsparung, Reduktion in der Produktivität, Preisanstieg – kurz „weniger über einen längeren Zeitraum“.

Doch Nachhaltigkeit, wenn ernsthaft und konsequent betrieben, bedeutet wesentlich mehr: Es ist vorausschauendes Wirtschaften, um nachfolgenden Generationen eine „dauerhafte Grundlage für Erwerb und Wohlstand“ zu bieten.

Das Drei-Säulen-Modell der Nachhaltigkeit – neben der Ökonomie existieren gleichberechtigt soziale und ökologische Nachhaltigkeit – weist die starke Verknüpfung der drei Bereiche in allen Dimensionen aus: Nachhaltiges Wirtschaften kann nur funktionieren, wenn soziale und ökologische Aspekte berücksichtigt werden, globale und soziale Ziele lassen sich dann verwirklichen, wenn sie mit der ökonomischen Gesamtentwicklung in Einklang stehen.

Wie aus den zahlreichen Interviews im vorliegenden Buch ersichtlich, konnten Unternehmer und Unternehmen, die sich von Beginn an ernsthaft der Nachhaltigkeit verschrieben haben, die wirtschaftlichen Herausforderungen der letzten beiden Jahre wesentlich besser meistern als Unternehmen, die gar nicht oder nur scheinbar nachhaltig agierten. Und es ist sicher anzunehmen, dass nachhaltig agierenden Unternehmen steigender Erfolg beschieden sein wird – in guten wie in schlechten Zeiten.

Dr. Gabriele Stanek
Vizepräsidentin der ÖMG

Zwischen Authentizität und Inszenierung

Ein Buch über nachhaltiges Wirtschaften? Über Wirtschaftsethik? Schon wieder eines? Davon gibt es zur Genüge. Zum einen: hochkarätige Fachbücher, die sich mit der Theorie der Sustainability und ihrer Praxistauglichkeit auseinandersetzen. Zum anderen: die Mit-Reiter der Ratgeber-Welle, die erklären, warum das Gute, Wahre und Schöne letztlich auch ökonomisch siegen werde (ohne es freilich erklären zu können).

Dieses Buch will weder das eine noch das andere sein. Es vermittelt keine Theorie und es gibt keine Ratschläge. Es ist der Versuch einer Bestandsaufnahme. Wie wichtig ist das Thema Nachhaltigkeit in Österreichs Konzernen und KMU? Welche Folgen hat nachhaltiges Denken für das Geschäft, für die Mitarbeiter, die Kunden und Lieferanten? Vielleicht sogar: für die Gesellschaft? Hat die Wirtschaftskrise etwas an der Sicht auf Nachhaltigkeit verändert? Nicht zuletzt: Wie spricht man eigentlich darüber?

Denn wenige Begriffe sind so diskreditiert wie „Nachhaltigkeit“. Bisweilen reichen Recycling-Papier auf den Firmentoiletten oder Buchteln mit Vanillesauce in der Kantine („vegetarisches Menü“), um sich als nachhaltiges

Unternehmen zu präsentieren. Auch die Esoterik-Szene bedient sich des Wortes auffallend gerne. Den Fluchtreflex, den „Nachhaltigkeit" auslösen kann, haben wir auch selbst verspürt. Begriffe wie CSR andererseits haben die unangenehme Tendenz, sich allein durch ihre Fremdsprachigkeit genauerem Hinsehen zu entziehen. Englische Abkürzungen klingen ganz einfach professionell. Wer sie mit Schopenhauer als Hegelei bezeichnet, setzt sich dem Verdacht aus, sie nicht verstanden zu haben. Entsprechend groß waren unsere Befürchtungen, unsere Gesprächspartner würden bei der Frage nach ihrem Umgang mit Nachhaltigkeit statt Antworten schön layoutierte Selbstverpflichtungserklärungen auf den Tisch legen.

Wir haben uns zum Glück getäuscht. In unseren Interviews trafen wir ausnahmslos auf Menschen, die glaubwürdig vermittelten, dass ihnen das Thema tatsächlich am Herzen liegt. Und die auch konkret erklären konnten, welche Auswirkungen dieses Denken auf ihr Unternehmen hat. Menschen, die den Begriff „Nachhaltigkeit" mit ökonomischen Argumenten ebenso wie mit philosophischen der Beliebigkeit entreißen, in die er immer wieder gedrängt wird.

Wobei wir, zugegeben, den ersten Filter delegierten. Unsere Spurensuche begann im Büro des Vereins respACT (austrian business council for sustainable development), wo wir uns von Geschäftsführer Roman Mesicek in das Thema einführen ließen. Ihm verdanken wir auch Empfehlungen für interessante Gesprächspartner. (An dieser Stelle: Herzlichen Dank!)

Dieses Buch ist strikt subjektiv. Jeder Versuch, ein umfassendes, „gültiges" Bild des Themas Nachhaltigkeit zu zeichnen, wäre ohnehin zum Scheitern verurteilt gewesen. Das heißt: Firmen, die „Nachhaltigkeit" als Feigenblatt einsetzen, kommen hier nicht vor. Mit ihnen haben wir nicht gesprochen. Das heißt aber auch: Zahlreiche heimische Unternehmen, die ernsthaft und erfolgreich nachhaltig wirtschaften, konnten nicht berücksichtigt werden. Wir mussten eine Auswahl treffen, und die fällt – wie gesagt – strikt subjektiv aus. Ein Branchenverzeichnis der „Guten" können wir nicht bieten.

Dieses Buch ist formlos. Wir hatten zahlreiche Ideen, es thematisch zu gliedern. Wir haben sie alle ziemlich schnell verworfen. Interviews mit interessanten Menschen haben die Eigenschaft, sich rasch vom ursprünglichen Konzept zu entfernen. Wer etwas zu sagen hat, beantwortet auch Fragen, die nicht gestellt werden. Was uns zunächst als Problem erschien, wurde selbst zum Konzept: Die Vielseitigkeit, die wir in den Gesprächen erlebten, ließ uns zur Überzeugung gelangen, dass sie sich auch formal widerspiegeln darf. Daher: keine hierarchische Struktur, keine Themen-Blöcke, kein Glossar, keine Verweise ins Internet – dieses Buch ist kein Fachbuch, sondern eine Sammlung von Eindrücken.

Einzige Konzession: die Unterteilung in die beiden Kapitel über große Konzerne und eigentümergeführte Unternehmen. Zwar sprechen die Vertreter beider Firmengattungen über dasselbe Thema, doch sind ihre Voraussetzungen sehr unterschiedlich.

Die mit Nachhaltigkeit betrauten Manager der Konzerne müssen für ihre Ideen intern Mehrheiten suchen. Sie sind zumeist mit Strukturen konfrontiert, die Nachhaltigkeit eher nicht zum obersten Ziel erklären. Sie müssen sowohl ihre Vorgesetzten oder Aufsichtsräte als auch ihre Mitarbeiter davon überzeugen, dass das, was sie tun, Sinn hat. Sie sind – wenn sie ihren Job gut machen – manchmal lästig. Allerdings: Konzerne, die tatsächlich nachhaltig agieren, können auf diese Weise kraft ihrer Marktmacht und kraft ihrer Vorbildwirkung auch sehr viel bewegen.

„Kleine" Unternehmer hingegen können ihre internen Strukturen selbst gestalten. Sie können Nachhaltigkeit implementieren, ohne dabei diplomatisch Hierarchien durchklettern zu müssen. Ihre Vorbildwirkung im Unternehmen ist also viel unmittelbarer. Andererseits ist es für sie auch wesentlich schwieriger, über das eigene Unternehmen hinaus etwas zu bewirken. Angesichts dieser Einschränkung hat uns das Durchhaltevermögen dieser Unternehmen beeindruckt – ein Durchhaltevermögen, das nicht auf missionarischem Eifer gründet, sondern auf der festen Überzeugung, dass das Richtige nicht nur postuliert, sondern auch getan werden muss.

Wir bedanken uns ausdrücklich bei allen Gesprächspartnern, die uns ihre Zeit und ihr Wissen geschenkt haben. Wir hoffen, ihnen mit diesem Buch gerecht zu werden. Wir bedanken uns bei Gabi Stanek von der Österreichischen Marketing-Gesellschaft, die uns mit viel Geduld, Empathie und Freundschaft begleitet hat. Und wir bedanken uns bei unserem privaten Umfeld, das uns in den vergangenen Monaten vorbildhaft ertragen hat.

Andrea Stoidl (as)
Bernhard Pruckner-Fragner (bpf)

Wien, im November 2010

1. Die lästigen Enthusiasten

Gespräche über den Versuch, Nachhaltigkeit in großen Unternehmen zu verankern

Was haben Banken mit Nachhaltigkeit zu tun? Was ein Snackhersteller oder ein Stromprovider? Natürlich, sie alle treten in ihrer Marktkommunikation als nachhaltige Unternehmen auf, doch was steht dahinter?

Zunächst: engagierte Menschen. Einzelpersonen, die nachhaltiges Wirtschaften nicht nur für ethisch „richtig" halten, sondern es auch als belastbaren Business Case argumentieren können. Menschen, die glaubhaft machen, dass es entgegen der meist geübten Praxis tatsächlich einen Weg gibt, die Interessen eines Konzerns mit jenen der Gesellschaft unter einen Hut zu bringen. Keine Träumer, keine Spinner, sondern Manager, die ökonomisch denken.

Sie sind konfrontiert mit einer Öffentlichkeit, die großen Konzernen in diffuser Kapitalismus-Kritik häufig prinzipiell ablehnend gegenübersteht. Und die Öffentlichkeit hat durchaus Grund dazu. Die Mitschuld etwa der Finanzdienstleister an der Wirtschaftskrise der vergangenen Jahre ist evident. Auch was Mineralölkonzerne anrichten können, wurde kürzlich eindrucksvoll demonstriert (und ebenfalls, wie unerträglich nonchalant bisweilen mit den selbst verursachten Katastrophen umgegangen wird).

Sie sind konfrontiert mit Konsumenten, die immer mehr verlangen: die beste Qualität, die niedrigsten (nicht besten) Preise und dazu auch noch das Gefühl, beim „moralisch Richtigen“ zu kaufen. Wer hier Fehler begeht, wird in die Social-Media-Mangel genommen und riskiert, dort zerrieben zu werden.

Viele haben es mit Konzernstrukturen zu tun, die Veränderungen nur schrittweise zulassen. Viele Schritte scheinen allerdings bereits geschafft. Unsere Gesprächspartner vermitteln Selbstbewusstsein. Und auch die meisten Mitarbeiter dürften Nachhaltigkeit nicht mehr für ein Orchideenthema halten.

Dafür mussten sie lästig sein, und dafür sind sie auch immer wieder an ihren Zielen gescheitert. Sie sind, wenn man so will, Enthusiasten im besten Wortsinn. Eines sind sie allerdings nicht – erfolglos.

Banken

Das Reputations-Desaster

Schuld sind die Banken. Auf der Suche nach Verantwortlichen für die Wirtschaftskrise sind sie die idealen Verdächtigen. Ihnen die Schuld zuzuweisen, ist gewissermaßen die Umkehrung der These, schuld seien „wir alle" – eine Erklärung, die nicht nur sämtliche an oder unterhalb der Armutsgrenze lebenden Menschen mit in die Pflicht nimmt, sondern auch jedes tiefer gehende Nachdenken über die Krise der vergangenen Jahre erübrigt.

Dass beide Theorien gleichzeitig zu simpel und dennoch im Kern nicht unwahr sind, macht das Thema „Banken und Nachhaltigkeit" zu einem Politikum.

„Viele Menschen empfinden die aktuelle Situation als eine Krise der Nicht-Nachhaltigkeit", sagt Fred Luks, Leiter „Corporate Sustainability" der Bank Austria. „Nun ist natürlich gerade im Finanzbereich das Stichwort ‚Reputation' von zentraler Bedeutung. Ist das Vertrauen einmal verschwunden, hat man entscheidendes Kapital zerstört. Und genau von diesem Kapital hat der Finanzsektor in den vergangenen Jahren einiges verbraucht. Davon sind wir alle betroffen, also auch jene, die daran nicht beteiligt waren. Auch die ganz normalen Geschäftsbanken haben nun Anteil an diesem Reputations-Desaster. Dadurch wurde der ‚Business Case CSR' deutlich gestärkt."

»Ist das Vertrauen einmal verschwunden, hat man entscheidendes Kapital zerstört.«

Vertrauen, Nachhaltigkeit, Corporate Social Responsibility. Die Begrifflichkeit oszilliert zwischen schwer strapaziertem, zur Beliebigkeit tendierendem Wohlfühl-Vokabular und Termini technici. Oder, wie Fred Luks ironisch meint: „Mein Job umfasst alles zwischen ökologischem Kopierpapier und Kapitalismus-Krise."

Wie spricht man also über Nachhaltigkeit? Und – soll man eigentlich darüber sprechen? „Natürlich wird der Begriff ‚Nachhaltigkeit' inflationär verwendet", sagt Günter Horniak, CSR & Diversity Manager der BAWAG P.S.K. „Man soll ihn aber nicht belächeln, denn das Dahinterstehende ist wirklich wichtig. Vor allem besteht die Gefahr, dass der Begriff einzig mit Ökologie assoziiert wird. Wo es aber in die Ökonomie reicht, wo wir damit Geld verdienen, sprechen wir auch gerne darüber. Nicht zuletzt, weil man damit auch Vorbild für andere Unternehmen sein kann."

»Wo es in die Ökonomie reicht, wo wir damit Geld verdienen, sprechen wir auch gerne darüber.«

Während an „Nachhaltigkeit" ein Touch von Ökologie (oder bisweilen Esoterik) haftet, kämpft der Begriff „CSR" eher mit einer anderen Assoziation. „Ich bin mit dem Wort ‚Corporate Social Responsibility' nicht besonders glücklich", sagt Fred Luks. „Statt nur um soziale Verantwortung (wie es oft falsch interpretiert wird) geht es in meinen Augen um gesellschaftliche Verantwortung." Womit auch der dritte Bestandteil von Sustainability neben dem Sozialen und dem Ökologischen – die Ökonomie – integriert wäre. „Soziale Verantwortung ist natürlich gut", sagt Luks, „und es ist auch gut, darüber zu sprechen, aber dazu gehört eben viel mehr. Ich bin zutiefst davon überzeugt, dass es hier nicht nur um Werte im Unternehmen geht – es muss auch gut sein für das Geschäft. Ich halte überhaupt nichts davon, darüber nur hinter vorgehaltener Hand zu sprechen. Der ‚Business Case' der Nachhaltigkeit ist belastbar! Jedenfalls belastbarer als jener, den die Banken in den vergangenen Jahrzehnten gepflegt haben."

Think Green!

Das Projekt „Think Green!" der BAWAG P.S.K. hat zum Ziel, einen strategischen Blickwinkel auf alle ökologischen Thematiken in der Bank zu werfen. Die Themen Energieeinsparungen, Müllvermeidung, Reduzierung des Wasserverbrauchs, alternative ökologische Möglichkeiten (etwa die eigene Fotovoltaik-Anlage), Qualitätsstandards oder die Einführung von EMAS wurden und werden laufend umfangreich durchleuchtet, zum Teil auch mit externen Experten.

Auch wenn Umweltthemen nicht automatisch mit Banken assoziiert werden: „Das Projekt ist viel weniger

Projekt als ein Wandel zu einer unternehmerischen und ökologischen Geisteshaltung, die für ein Unternehmen unserer Größe bald selbstverständlich sein wird", meint Günter Horniak.

Vielen Menschen, glaubt Luks, erscheine das Wort „Nachhaltigkeit" einfach zu groß: „Das Wort ist im Grunde schrecklich, weil auch immer etwas Problembeladenes mitschwingt. Kein Mensch versteht es. Die Aufteilung in die drei Bereiche Ökonomie, Soziales und Ökologie ist sehr sinnvoll, da man das Thema auf diese Weise anhand von Beispielen anschaulich machen kann. Auch innerhalb einer Bank gilt: Die Themen müssen anschaulich und handlungsrelevant sein."

»Das Wort ›Nachhaltigkeit‹ ist im Grunde schrecklich, weil auch immer etwas Problembeladenes mitschwingt.«

Die Terminologie werde sich ohnehin verändern, meint Fred Luks: „Ich glaube und ich hoffe, dass diese Begriffe in zehn Jahren keine Bedeutung mehr haben werden. Andere Begriffe werden wichtig werden: Lebensqualität und Resilience – also die Fähigkeit eines Systems, Schocks abzupuffern. Gerade im Finanzsystem hat sich ja gezeigt, dass Letzteres von extremer Bedeutung ist." Auch über „Ethik" dürfe man durchaus sprechen, wenngleich der Begriff selbst ja noch nichts über die Qualität des Inhalts aussagt. „Ethik ist für mich das Herunterbrechen der Frage ‚Was ist gut?' auf die Handlungsebene. CSR macht sich immer an dem fest, was am Ende tatsächlich getan wird."

Mit „Ethik" kann auch Günter Horniak gut leben: Nachhaltigkeit als ethischer Rahmen, den das Unternehmen sich selbst verordnet. Das Setzen von Grenzen, wie weit das Unternehmen gehen will. „Das ist auch die intelligenteste Form des Wirtschaftens. Damit stellen wir grundsätzlich den Anspruch, dass Nachhaltigkeit immer unternehmensbezogen ist, dem Unternehmen also auch etwas bringen muss. Geldgeschenke zu verteilen hat keinen Sinn. Wir agieren also aus dem Kerngeschäft heraus, machen Dinge, die zu uns passen. Klar muss sein: Unternehmen haben das Recht, Ertrag zu erwirtschaften. Das ist Teil unserer Verantwortung gegenüber unseren Mitarbeitern und gegenüber unseren Kunden – es ist nur eben nicht egal, wie wir diesen Ertrag erwirtschaften."

»Ethik ist das Herunterbrechen der Frage ›Was ist gut?‹ auf die Handlungsebene. CSR macht sich immer an dem fest, was am Ende tatsächlich getan wird.«

UMS

Nach der erfolgreichen Teilnahme am Ökoprofit-Modul im Rahmen des ÖkoBusinessPlan Wien im Jahr 2009 hat sich die Bank Austria dazu entschlossen, im Jahr

2011 einen großen Schritt in Richtung ökologischer Verantwortung weiterzugehen. Im März 2010 wurde daher mit der Implementierung eines Umweltmanagementsystems (UMS) nach der international gültigen Norm ISO 14001 begonnen. Die Bank Austria wählte dabei einen umfassenden Ansatz. Neben der Analyse der klassischen direkten Umweltaspekte wie etwa Energie-, Papier- oder Wasserverbrauch wurde auch großes Augenmerk auf die Erfassung und Bewertung von Umweltauswirkungen gelegt, die indirekt durch das Bankgeschäft – beispielsweise durch Finanzierungen und Dienstleistungen – beeinflusst werden.

Im Rahmen des Projekts bereits abgeschlossen ist die Formulierung einer Umweltpolitik. Zurzeit wird am Umweltprogramm, also den konkreten Maßnahmen für die nächsten Jahre, gearbeitet. Die Zertifizierung durch einen externen Auditor ist für das erste Quartal 2011 vorgesehen. Die Bank Austria wird dann die erste Universalbank in Österreich sein, die nach ISO 14001 oder EMAS zertifiziert ist.

Gleichzeitig leistet sie auch einen wichtigen Beitrag zu den von der UniCredit formulierten Klimazielen, nämlich einer Reduktion der CO_2-Emissionen um 30 Prozent bis zum Jahr 2020.

Die Banken stehen hinsichtlich Nachhaltigkeit wohl unter besonderer Beobachtung. Die Rolle der dafür Verantwortlichen wird dadurch nicht einfacher. Zwischen der Überzeugung, das (auch ökonomisch) Richtige zu vertreten, und der Rolle des Lästigen mit dem Orchideenthema bedarf es der Diplomatie. Die beginnt bei der Frage der hierarchischen Verankerung. Mit dem Anliegen, Chefsache zu sein, reiht sich die Nachhaltigkeit ja in eine beachtliche Warteschlange ein.

„Natürlich muss das Interesse an Nachhaltigkeit von oben kommen", sagt Günter Horniak. „Und es muss von oben gelebt werden. Ein unethisches Management kann von den Mitarbeitern kein ethisches Verhalten erwarten."

Auch Fred Luks meint: „Nachhaltigkeit betrifft alle Geschäftsprozesse, daher ist es immer Chefsache."

Luks und Horniak sprechen übereinstimmend von intensivem Kontakt zu den jeweiligen Vorständen der beiden Banken. Was nur möglich ist, da beide mit Vorgesetzten zu tun haben, die dem Thema Bedeutung zuerkennen.

»Ein unethisches Management kann von den Mitarbeitern kein ethisches Verhalten erwarten.«

Und falls sich das ändert? Wie kann man nachhaltiges Wirtschaften in einer Bank strukturell so stark verankern, dass es kein Zurück mehr gibt? Der naheliegende Weg, die Kodifizierung, ist in allen Banken über Mission Statements, Integrity Chartas und ähnliche Selbstverpflichtungen umgesetzt. Fred Luks nennt als Beispiel das öffentlich intensiv diskutierte Feld der Manager-

Boni: „Die Betrachtungszeiträume liegen bei uns zwischen drei und fünf Jahren." Im Bonus-System der Bank Austria sind auch die Faktoren Kundenzufriedenheit und Reputation enthalten. „Diese Faktoren verändern sich relativ langsam", sagt Fred Luks, „es sind Kriterien der Nachhaltigkeit. Beide Faktoren kann man durchaus messen."

„Vollkommen integriert"

Accenture führte im Jahr 2010 eine weltweite Studie unter CEOs aus den unterschiedlichsten Bereichen zum Thema Nachhaltigkeit durch. Fast 1.000 CEOs nahmen daran teil, mit rund hundert von ihnen wurden Tiefeninterviews geführt. Einige der zentralen Ergebnisse:

- 93 Prozent der CEOs sind der Meinung, Nachhaltigkeit sei für ihren Unternehmenserfolg in Zukunft von kritischer Bedeutung.
- 72 Prozent nennen den Bereich „brand, trust and reputation" als einen der drei wichtigsten Faktoren, sich mit dem Thema Nachhaltigkeit zu befassen.
- Für 58 Prozent sind die Konsumenten jene Gruppe unter den Stakeholdern, die gesellschaftliche Entwicklungen im Unternehmen am stärksten vorantreiben. Mit 45 Prozent folgen die Mitarbeiter auf Platz zwei.
- 91 Prozent geben an, ihr Unternehmen werde in den kommenden fünf Jahren neue Techniken im Zusammenhang mit Nachhaltigkeit entwickeln.

Darunter fallen Technologien etwa zur Energieeffizienz ebenso wie Informations- und Kommunikationstechnologien.

- Für 96 Prozent der Befragten muss das Thema Nachhaltigkeit in Strategie und operatives Geschäft des Unternehmens vollkommen integriert sein.

Quelle: UN Global Compact – Accenture CEO Study 2010

Der zweite Weg der Verankerung führt über die Reputation selbst. Die Banken haben Nachhaltigkeit zu einem Teil ihrer Unternehmenskommunikation gemacht. „Das Gute an CSR ist ja, dass es sehr schnell zu einem Selbstläufer wird“, meint Günter Horniak. „Dies wieder zurückzufahren, wäre sehr schwierig. Wir haben uns in der Öffentlichkeit bewusst als nachhaltiges Unternehmen positioniert, haben Reports dazu veröffentlicht. Können Sie sich den Imageschaden vorstellen, den wir riskierten, würden wir diese Linie verlassen? Es gibt eigentlich kein Zurück mehr.“

Und die Mitarbeiter? Interessierte und engagierte Vorstände vorausgesetzt, hat Nachhaltigkeit dennoch keine Chance, wird sie nicht Teil des Arbeitsalltags. Es war nicht zuletzt die Krise, die hier einiges verändert haben dürfte. „Man soll nicht unterschätzen, wie schwierig diese Zeit etwa für die Mitarbeiterinnen und Mitarbeiter in den Filialen war“, sagt Fred Luks. „Sie haben die Krise nun wirklich nicht verursacht, mussten sich aber jeden Tag anhören, dass sie schuld seien. Wir sehen sehr deutlich, dass unsere Kolleginnen und Kollegen das Thema Nachhaltigkeit viel stärker einfordern als früher, auch wenn sie es meist nicht so nennen."

Best Start

Im sozial-gesellschaftlichen Bereich hat die Bank Austria 2010 mit dem erstmals ausgelobten Förderpreis „Best Start" neue Wege beschritten. Inhaltlich setzt die Bank mit der Fokussierung auf die aktuellen gesellschaftspolitischen Themen Kinder- und Jugendförderung bzw. Integration/Migration ein klares Zeichen.

Dazu kommt mit einer öffentlichen Ausschreibung, einer Vorauswahl durch eine hochkarätige Expertenjury und mit einem der breiten Öffentlichkeit zugänglichen Internet-Voting der partizipative Ansatz klar zum Ausdruck: Gesellschaftliches Engagement kann auf Dauer nur dann erfolgreich sein, wenn es auf einem Miteinander aller Beteiligten basiert.

Neue Wege geht auch das erste Siegerprojekt. „Pilgrim on Tour" ermöglicht behinderten Menschen die Organisation von selbstverständlichen Lebenssituationen. Das Projekt des Vereins Pilgrim in Wiener Neustadt (www.pilgrim.or.at) ist eine Reise- und Eventbegleitung für Menschen mit geistigen oder körperlichen Beeinträchtigungen.

»Können Sie sich den Imageschaden vorstellen, den wir riskierten, würden wir diese Linie verlassen? Es gibt eigentlich kein Zurück mehr.«

Das kontinuierliche Ventilieren der Thematik bleibt dennoch ein zentraler Aspekt des Alltags von Menschen wie Fred Luks und Günter Horniak. „Wenn ich will, dass mein Unternehmen hier aktiv bleibt, muss ich auch intern sehr viel darüber sprechen“, sagt Luks. „Ich gebe zu, dass ich hier auch an meine Grenzen stoße, was wiederum stark mit dem diskreditierten Begriff ‚Nachhaltigkeit‘ zu tun hat.“ Die Kunst bestehe darin, den Mitarbeiterinnen und Mitarbeitern klarzumachen, dass es nicht nur um „etwas Gutes“ gehe, sondern dass es unmittelbar mit ihrem Leben und mit ihrer Arbeit zu tun hat. „Natürlich handelt man sich manchmal auch Ärger ein“, erzählt Günter Horniak. „Aber ich spüre, dass sich meine Position verändert hat: Am Anfang wurde ich von manchen belächelt, aber die Mitarbeiter haben gesehen, dass hier wirklich etwas passiert. Sie nehmen die Position ernster. Ich bekomme etwa aus unterschiedlichsten Unternehmensbereichen Einladungen, das Thema Nachhaltigkeit vorzustellen.“ Die Frage, was eine Bank eigentlich mit Nachhaltigkeit zu tun hat, sei ihm erfreulicherweise noch von keinem einzigen Mitarbeiter gestellt worden.

»Natürlich handelt man sich manchmal auch Ärger ein.«

Horniak weist in diesem Zusammenhang darauf hin, dass Werte wie Vertrauen und Verantwortung für Banken keineswegs neue Themen seien. Immerhin wurde die BAWAG dereinst als Arbeiter-Bank gegründet. Verantwortung war also gewissermaßen ein Grundstein. Ähnliches gilt für Raiffeisen. Auch hier war der Gründungsgedanke ein „nachhaltiger“.

Gleichstellung

Die Fraueninitiative der BAWAG P.S.K. wurde im Mai 2009 ins Leben gerufen, um ein Arbeitsumfeld zu schaffen, das es allen Mitarbeitern gleichermaßen ermöglicht, gemäß ihren Fähigkeiten und erbrachten Leistungen Erfolge zu erzielen.

Bei diesen Erfolgen geht es sowohl um das Erreichen von Führungs- oder Top-Expertenpositionen als auch um die Gleichstellung von Gehältern, Weiterbildungsmöglichkeiten etc. Frauen in Top-Positionen sind im Bankwesen rar, und auch in der BAWAG P.S.K. trifft dies noch immer zu, wie Günter Horniak einräumt. Um die dahinterliegenden Gründe näher zu erfassen, zu analysieren und zu kommunizieren sowie letztendlich konkrete Maßnahmen für Chancengleichheit und die Nutzung von Vielfalt im Unternehmen zu entwickeln, haben weibliche Führungskräfte gemeinsam mit Mitarbeitern zweier Geschäftsbereiche die Fraueninitiative gegründet.

Das Nachdenken über den Umgang mit den eigenen Kunden und Mitarbeitern führt zu durchaus interessanten Ansätzen. Die BAWAG P.S.K. setzt auf eine Integration des Themas „Menschenrechte" – das nicht unbedingt zu den Kernthemen einer österreichischen Bank zählt. „Wir haben die Allgemeinen Menschenrechte über unser eigenes Unternehmen gelegt. Wir wollten sehen: Wo greifen wir eigentlich in die Menschenrechte unserer Mitarbeiter und unserer Kunden ein? Wo kommen wir vielleicht sogar in Gefahr, sie zu verletzen? Und was können wir verbessern?" Daraus entstanden konkrete Leitfäden, etwa für den Umgang mit Mitarbeitern aus anderen Kulturen. Aber auch das „Neue Chance Konto".

Menschenrechte

Menschenrechte sind das einzig verbindliche normative Regelsystem mit globaler Geltung, das nicht nur Staaten, sondern auch Unternehmen betrifft. Die BAWAG P.S.K. wollte diesem Umstand Rechnung tragen und eine „menschenrechtliche Standortbestimmung" durchführen.

Mit der „Menschenrechtsmatrix" wurden die Berührungspunkte der Bank mit den menschenrechtlichen Verpflichtungen gegenüber allen Stakeholdern ausgearbeitet (was rund ein Jahr in Anspruch nahm). Diese Berührungspunkte wurden in eine Matrix übertragen und somit auch „sichtbar" gemacht. Eine anschließende Gap-Analyse zeigte auch Weiterentwicklungsmöglichkeiten auf, entsprechende weitere Projekte folgen laufend.

Erste positive Effekte: Schon im Laufe des Menschenrechtsprojektes wurden erste Maßnahmen abgeleitet und umgesetzt. Daher enthalten nun auch die Credit Policies der Bank ethische und antidiskriminierende Richtlinien für die Vergabe von Krediten.

Auch ein Supplier Code of Conduct wurde geschaffen, in dem sich die Dienstleister und Lieferanten der BAWAG P.S.K. – neben anderem – zur Einhaltung der Menschenrechte in ihren Betrieben verpflichten. „Generell", sagt Günter Horniak, „wurde eine Sensibilisierung für diese Thematik – auch auf Vorstandsebene – erreicht und hat den Boden für andere Projekte aufbereitet."

„Neue Chance Konto"

Rund 50.000 Menschen in Österreich sind wegen mangelnder Bonität von der wichtigsten Bankdienstleistung ausgeschlossen: Sie erhalten kein Girokonto, können keine Überweisungen tätigen und bekommen auch kein Geld überwiesen – das grenzt sie automatisch von der Teilnahme am normalen gesellschaftlichen Leben aus. Mit dem „Neue Chance Konto" bietet die BAWAG P.S.K. seit April 2009 ein Basis-Habenkonto unabhängig von Bonitätskriterien an – österreichweit und flächendeckend. Nach 20 Monaten nutzen (mit Ende November 2010) über 7.500 Kunden das Angebot.

Das „Neue Chance Konto" kostet 4,50 Euro im Monat (13,50 im Quartal). Bei einem Durchschnittssaldo von 880 Euro ist es gratis. „Wenn jemand also nur zwei Baranweisungen pro Monat tätigen muss, hat er die Kosten des Kontos schon wieder amortisiert", erklärt Günter Horniak. „Uns ist auch wichtig, dass der Kunde für das Produkt – wenn auch nur wenig – bezahlt, so muss er nie das Gefühl haben, etwas geschenkt zu bekommen, sondern er ist von Anfang an ein ganz ‚normaler' Bankkunde."

All das geht ins Leere, wenn es die Kunden nicht wollen. An der Grundanforderung von Bankkunden, ihr Geld nicht nur sicher zu verwahren, sondern nach Möglichkeit auch zu vermehren, hat die Krise nichts geändert. Vor allem hier zeigt sich, wie gefährlich eine Reduktion von „Nachhaltigkeit" auf Ökologie oder Soziales wäre.

„Die Forderung der Kunden lautet: Nachhaltigkeit und Einfachheit", beobachtet Fred Luks. „Unter Nachhaltigkeit verstehen sie: Wenn ich mein Geld zu euch bringe, dann will ich auch wissen, dass es bei euch sicher ist. Und Einfachheit: Die Kunden wollen die Produkte auch verstehen – sie möchten wissen, was sie kaufen. Erst danach geht es ihnen meiner Meinung nach darum, dass ihr Geld auch in ökologisch und sozial richtiger Weise eingesetzt wird."

„Die Banken haben auch eine Vorbildfunktion, indem sie gewisse Produkte einfach nicht mehr anbieten", sagt

Günter Horniak. Fremdwährungskredite zum Beispiel, die vor Ausbruch der Krise von so manchem Berater als risikoarmes Allheilmittel verkauft wurden, werden heute deutlich anders gesehen.

„Die Banken haben gelernt, so etwas nicht mehr anzubieten. Und die Konsumenten haben gelernt: Wenn ich mehr will, muss ich auch ein größeres Risiko eingehen – und trage gleichzeitig auch dazu bei, dass die Wahrscheinlichkeit einer durch Spekulation ausgelösten Krise letztlich steigt."

»Die Forderung der Kunden lautet: Nachhaltigkeit und Einfachheit.«

Marketing-Gag?

Ist soziale Verantwortung von Unternehmen glaubwürdig? Wie die Konsumenten zu dem Thema stehen, erhob GfK Austria im „Corporate Social Responsibility-Monitor" vom Frühjahr 2010 (n = 1.000, Grundgesamtheit: Österreichische Bevölkerung mit Internet-Zugang, 15 bis 65 Jahre, Methode: CAWI). Einige der zentralen Ergebnisse:

- Neun von zehn Befragten kennen die Begriffe „soziale Verantwortung" bzw. „Nachhaltigkeit". 42 Prozent geben an, genau zu wissen, was damit gemeint ist.

- 83 Prozent sagen, das Thema sei für sie „äußerst" oder „sehr" wichtig.
- Werte wie „mehr Bescheidenheit", „bewussteres Konsumieren" oder „Qualität statt Quantität" haben laut der Studie seit Beginn der Wirtschaftskrise klar an Bedeutung gewonnen. Die Konsumenten erwarten von Unternehmen deutlich stärker, dass sie sich ihr Vertrauen auch verdienen.
- Bei der Frage, welche Branchen ganz besonders für soziale Verantwortung/Nachhaltigkeit stehen, nennen 68 Prozent die Land- und Forstwirtschaft. Die Banken bringen es hier nur auf 15 Prozent. Und auch die Erwartungshaltung gegenüber den Banken ist ausbaufähig: 24 Prozent geben an, von Finanzdienstleistern/Banken/Versicherungen entsprechendes Engagement zu erwarten („äußerst wichtig"), weitere 38 Prozent finden dies „sehr wichtig". Gleichzeitig ist aber die Mehrheit der Meinung, das Thema Nachhaltigkeit werde gerade in diesem Bereich an Bedeutung gewinnen.

Quelle: GfK Austria, Corporate Social Responsibility-Monitor 2010

Dass die Banken überhaupt darauf achten, was ihre Kunden eigentlich erwarten, war auch nicht immer selbstverständlich. Ging man früher eher davon aus, gute Verzinsung sei ausreichend (und hatte damit wohl meist auch Recht), wird das Anliegen des Kunden heute offenbar breiter gesehen. „Mit dem vermehrten Angebot von Produkten, die die Konsumenten auch verstehen, geht eine deutliche Stärkung des Beobachtens der Kundenzufriedenheit einher", sagt Luks. „Und das kann man bestimmt nicht kurzfristig steuern. Wie der Investor Warren Buffett gesagt hat: ‚Es braucht 20 Jahre, um eine gute Reputation aufzubauen, aber nur fünf Minuten, um sie zu zerstören.' Die Frage, wie sich ein Unternehmen seinen Kunden gegenüber verhalten soll, ist durch die Krise in meinen Augen deutlich wichtiger geworden. Das hat nicht unmittelbar mit den klassischen Agenden der Nachhaltigkeit zu tun, also Ökologie oder Soziales – indirekt aber natürlich schon. Der für mich zentrale Bereich im Zusammenhang mit Banken lautet: Wie geht die Bank mit ihren Stakeholdern um? Das muss natürlich unabhängig sein vom Thema Krise, aber selbstverständlich ist die Bedeutung mit der Krise zumindest sichtbarer geworden. Jeder, der im Vorstand einer Bank sitzt, muss heute ganz anders über Nachhaltigkeit nachdenken, als er das früher getan hat."

»Es braucht 20 Jahre, um eine gute Reputation aufzubauen, aber nur fünf Minuten, um sie zu zerstören.«

Überbrückung

Die Insolvenz eines Unternehmens betrifft nicht nur Unternehmer und Lieferanten, sondern auch die beschäftigten Arbeiter und Angestellten. Sie sind zwar durch die Leistungen des Insolvenz-Entgelt-Fonds abgesichert, allerdings kann es einige Monate dauern, bis die Bezüge ausbezahlt werden. Die BAWAG hat mit beratender Unterstützung des ÖGB ein unbürokratisches Unterstützungspaket geschnürt, das solche Härtefälle abfedert.

- Bemessungsgrundlage: Entgeltansprüche aus dem Insolvenzausgleichsfonds
- Auszahlungen: bis zu 60 Prozent der Entgeltansprüche
- Dauer: bis zur ersten Zahlung aus dem Insolvenzausgleichsfonds, maximal fünf Monate
- Rückzahlung: durch die laufenden Überweisungen aus dem Insolvenz-Entgelt-Fonds

Bleibt die Frage, wie es weitergeht. Was passiert, wenn die Krise vorbei ist (wie auch immer dieser Zeitpunkt definiert sein mag)? Die Hoffnung, die Wirtschaftskrise habe zu einem grundlegenden – also nachhaltigen – Umdenken geführt, mag man teilen oder nicht. Doch gerade im Bereich der Banken liegt die Befürchtung nahe, dass, wenn sich der Staub gelegt hat, alles weitergeht wie vor der Krise.

Günter Horniak hofft, „dass nicht zuletzt diese Krise so viel Bewusstsein für Nachhaltigkeit geschaffen hat – aber auch so viele Regeln –, dass es kein Zurück mehr gibt“. „Meine Hoffnung und auch mein Eindruck ist aber doch, dass es bei den Menschen angekommen ist“, assistiert Fred Luks. „Ich denke, dass dieses Thema verankert ist, wenn wir jetzt nur dranbleiben. Ich glaube, dass wir letztlich in einem historischen Zeitfenster arbeiten: Jetzt ist für das Thema eine bessere Zeit, als hätten wir jedes Jahr vier Prozent BIP-Wachstum."

„Ein Weg des Einbekenntnisses"

Die Zweite Sparkasse gilt als eines der bekanntesten CSR-Projekte Österreichs. Und ist, wie Boris Marte, Managing Director der ERSTE Stiftung, betont, eben kein CSR-Projekt.

Eine Bank für Menschen, die keine Bank mehr als Kunden haben will. Im Mai 2006 entstand auf Initiative der ERSTE Stiftung die „Zweite Wiener Vereins-Sparcasse". „Um dieses Projekt zu ermöglichen, bedurfte es mindestens eineinhalb Jahren Diskussion mit den NGOs, die mit jenen Menschen zu tun haben, deren Probleme auch wir mitverursacht haben", sagt Boris Marte. „Sprich: Menschen, die keine Konten mehr bekamen, die sich daher in keine Filialen mehr getraut haben. Das war auch ein Weg des Einbekenntnisses der eigenen Fehler und der eigenen Schwäche. Des Einbekenntnisses, dass wir etwas mitverursacht haben, das eine sozial höchst problematische Situation erzeugt."

Die Zweite Sparkasse bietet Menschen, die – aus welchen Gründen auch immer – über keine Bankverbindung verfügen, ein Haben-Konto ohne Überziehungsmöglichkeit an. Hinzu kommen eine kostenlose Rechtsberatung pro Quartal sowie eine kostenlose Unfallversicherung für den Kunden und die im Haushalt lebenden minderjährigen Kinder. Die Zweite Sparkasse hat keine Ertragsziele.

Die Zweite Sparkasse hat mittlerweile 6.500 Kunden und Filialen in Wien, Graz, Innsbruck, Klagenfurt, Villach und Salzburg. Die rund 400 Mitarbeiter arbeiten ausschließlich ehrenamtlich – darunter viele Mitarbeiter der Erste Bank, die nach ihrer „eigentlichen" Arbeit in die Filialen der Zweiten Sparkasse wechseln, aber auch zahlreiche pensionierte Mitarbeiter, deren großes Know-how auf diese Weise weiter genutzt wird.

Die Bank für Kunden, die sonst keiner haben will, war das erste große Projekt der ERSTE Stiftung. Das Versicherungspaket entstand aus einer Kooperation der ERSTE Stiftung mit der Wiener Städtischen Versicherung. Weitere Partner sind die Caritas, die Schuldnerberatungen, die Magistratsabteilung 40 der Stadt Wien, die Wiener BerufsBörse, der Verein Neustart, das Wiener Hilfswerk, der Verein Dialog, die Soziale Arbeit GmbH sowie die Selbsthilfegruppe Anonyme Spieler.

Die Zweite Sparkasse, sagt Boris Marte, habe längst auch Auswirkungen auf die Arbeit in der Erste Bank. „Die Mitarbeiterinnen und Mitarbeiter, die für die

Zweite Sparkasse arbeiten, haben mittlerweile ein anderes Bild von ihrer eigenen Institution. So entsteht eine ungeheure Motivation. Es gibt starke Rückwirkungen auf die Erste Bank, die unser Selbstbild mittlerweile sehr prägen. Aber wir sind immer noch Lernende. Wir sind nach rund vier Jahren Zweite Sparkasse eigentlich immer noch am Anfang."

(bpf)

Kelly

„Ist das Nachhaltigkeit?“

Im Foyer der Kelly GmbH in Wien hängt ein Packpapierbogen – für jeden Besucher sichtbar. Der darauf verfasste Management-Codex entstand in einer für das Unternehmen schwierigen Zeit, erzählt CEO Wolfgang Hötschl: Im Jahr 2003 stand die Pensionierung zweier zentraler Führungskräfte an, und die Frage der Nachfolge musste geklärt werden. „Ich bin kein Freund von Kronprinzen“, sagt Wolfgang Hötschl, „es gab also mehrere geeignete Kandidaten, von denen auch erwartet wurde, dass sie sich anbieten.“ Die naheliegende Folge waren Konflikte: zwischen den Aspiranten auf die Nachfolge, aber auch zwischen den unterschiedlichen Generationen. „Also haben wir uns zusammengesetzt, und ich habe von allen gefordert, reinen Tisch zu machen und offen zu sagen, was sie stört und was sich ändern sollte.“ Die folgende Diskussion, sagt Hötschl, war ziemlich hart, doch am Ende stand der Codex. Damit verbunden das Commitment, dass jeder, der gegen einen Punkt der Abmachung verstößt, die „Gelbe Karte“ erhält. Er selbst, sagt Wolfgang Hötschl, habe auch bereits einige gesammelt.

Was verstehen Sie unter nachhaltigem Wirtschaften?
WOLFGANG HÖTSCHL: Es geht um Fairness. Darum, niemanden über den Tisch zu ziehen – aber das sind doch im Grunde normale Umgangsformen, die man mitbekommt, wenn man keine ganz schlechte Jugend gehabt hat.

Management-Codex

Wir stehen für die nachhaltige Ertragskraft des Unternehmens.

Wir sind Impulsgeber, Entscheider und Umsetzer mit Vorbildfunktion und prägen damit die Unternehmenskultur.

Wir tragen Verantwortung für die richtige Auswahl, Führung und Förderung unserer Mitarbeiter und sichern dadurch effiziente Prozesse.

Wir vertrauen darauf, dass jeder seinen Beitrag zu den gemeinsam festgelegten Unternehmenszielen leistet und Entscheidungen gemeinsam getragen werden.

Bei Schwierigkeiten stehen wir füreinander ein.

Wir erkennen Zielabweichungen, informieren rechtzeitig und setzen rasch geeignete Maßnahmen.

Wir kommunizieren präzise, rasch und direkt, respektvoll und emotional.

Wir reden miteinander und nicht übereinander und senden eine gemeinsame Botschaft.

Als Grundsätze für das Management definiert Kelly:
- sich ehrgeizige Ziele setzen
- an den Erfolg glauben
- keine Kompromisse schließen
- erzielte Erfolge feiern
- neue Herausforderungen suchen
- und damit wieder von vorne beginnen

Sie verwenden den Begriff also eher nicht?
HÖTSCHL: „Nachhaltigkeit“ ist ein sehr modischer Begriff, der vor allem in den vergangenen Jahren groß aufgeblasen wurde. Ist es Nachhaltigkeit, mit Kartoffelbauern einen Kontrakt-Anbau zu organisieren und seit mittlerweile 20 Jahren zusammenzuarbeiten? Sie einzubinden, laufend die Qualität zu verbessern? Ist es Nachhaltigkeit, wenn es in 57 Unternehmensjahren erst den zweiten Geschäftsführer gibt? Ist es nachhaltig, dass unsere Mitarbeiter im Schnitt 17,5 Jahre im Unternehmen verweilen? Was wir tun, ist ja nicht spektakulär, nur erfolgreich. Ich verwende den Begriff „Nachhaltigkeit“ also eher nicht, ich habe keine Veranlassung dazu.

»Ist es Nachhaltigkeit, mit Kartoffelbauern einen Kontrakt-Anbau zu organisieren und seit mittlerweile 20 Jahren zusammenzuarbeiten? Sie einzubinden, laufend die Qualität zu verbessern?«

Eine Krise der Gier. Und eine Krise der gebrochenen Grundregeln. Wenn Wolfgang Hötschl den Begriff „Nachhaltigkeit“ überhaupt verwendet, dann am ehesten in Zusammenhang mit ökonomischen Gegebenheiten. Die Krise der Weltwirtschaft ist in seinen Augen vor allem auf das Aushebeln betriebswirtschaftlicher Grundsätze zurückzuführen.

„Wir leben in einer Zeit, in der offenbar die betriebswirtschaftlichen Grundsätze, die wir alle noch an den Wirtschaftsuniversitäten gelernt haben, nicht mehr gelten sollen. Jene Unternehmenswerte, auf die es wirklich ankommt, also die Substanzwerte, sind in den Bilanzen auf einmal nicht mehr bewertet worden. Und auch die Goldene Bilanzregel – ein Drittel Eigenkapital und je ein Drittel langfristiges bzw. kurzfristiges Fremdkapital – wurde ausgesetzt. Aber was soll denn dabei herauskommen, wenn man plötzlich anfängt, alle betriebswirtschaftlichen Regeln über Bord zu werfen? Wenn auf einmal eine amerikanisch geschulte Manager-Generation auftaucht und erklärt, das alles habe keine Geltung mehr?"

»Wir leben in einer Zeit, in der offenbar die betriebswirtschaftlichen Grundsätze, die wir alle noch an den Wirtschaftsuniversitäten gelernt haben, nicht mehr gelten sollen.«

„Und wenn man sich noch dazu in die Hände von Finanzjongleuren begibt? Über das Ergebnis dürfen wir uns wirklich nicht wundern. Die Krux hat mit dem Versuch begonnen, durch Substanzverkäufe liquide Mittel zu beschaffen. Hinzu kam, dass Substanz nicht mehr bewertet wurde. Wir haben noch gelernt, dass in der Bilanz eine Aufwertung von Grundvermögen nicht möglich ist. Die Amerikaner haben gesagt: Wenn der Tageswert höher ist, wird aufgewertet. Das Niederstwert-Prinzip ist also gefallen, Wert und Substanz wurden für obsolet erklärt – und so hat diese Krise begonnen. Die Manager-Bonifikationen waren immer häufiger davon abhängig, was ein

Unternehmen an EBIT erwirtschaftet, und nicht an das Ergebnis nach Steuern gekoppelt. So hat sich eine Unternehmensbewertung etabliert, bei der ganz einfach die Kennzahlen nicht mehr stimmen. Man hat die Betriebswirtschaft umdefiniert."

Die Krise, sagt Hötschl, habe auch die Unterschiede zwischen zwei Grundformen von Unternehmen aufgezeigt. Da gibt es jene, die bei den bewährten Regeln geblieben sind – sehr oft Familienunternehmen. „Denen kann man nichts vormachen. Ein extremes Beispiel ist in meinen Augen Sale-and-Lease-Back: Schlagen Sie doch einmal einem Bauern vor, er soll seinen Hof verkaufen und dann zurückleasen. Und das soll er mit den Einnahmen der Zukunft finanzieren. Der fragt Sie, ob Sie spinnen. Diejenigen, die sich an das gehalten haben, was immer schon gegolten hat, die also über eine ‚Bauernmentalität' im besten Sinne verfügen, haben heute keine Probleme."

»Schlagen Sie doch einmal einem Bauern vor, er soll seinen Hof verkaufen und dann zurückleasen. Und das soll er mit den Einnahmen der Zukunft finanzieren. Der fragt Sie, ob Sie spinnen.«

Ein Teil dieses „konservativen" ökonomischen Ansatzes sei auch, bei seinem Kerngeschäft zu bleiben. Viele Unternehmen seien gescheitert oder zumindest in Schwierigkeiten geraten, weil sie neue Produktfelder eröffnen wollten, in denen sie keine Kompetenz besitzen.

Und konservatives – nachhaltiges – Wirtschaften beinhalte auch, mit den Produkten Geld zu verdienen und nicht durch waghalsige Wetten auf den Märkten. „Sie können sich gar nicht vorstellen, mit welchen Ideen manche Banken zu mir gekommen sind. Und wir hätten damit durchaus deutlich mehr Geld für unsere Eigentümer verdient. Ich bin aber kein Finanzjongleur, ich bin ein Snackhersteller! Ich will Geld nicht mit Geld verdienen, sondern mit dem Nutzen unserer Produkte. Und das im Kerngeschäft des Unternehmens."

Konservativ? „Ja, es gab durchaus Leute, die uns als ewiggestrige Konservative gesehen haben. Das ist eine Punzierung, mit der ich leben kann. Vor allem, weil die Entwicklung von Kelly's uns hundertprozentig Recht gibt."

»Es ist eine Krise des Umdefinierens betriebswirtschaftlicher Grundwerte. In den USA wurde eine ganze Manager-Generation falsch ausgebildet.«

Die Wirtschaftskrise, sagt Wolfgang Hötschl, sei somit durchaus eine Sinn- und eine Werte-Krise. „Es ist eine Krise des Umdefinierens betriebswirtschaftlicher Grundwerte. In den USA wurde eine ganze Manager-Generation falsch ausgebildet. Betriebswirtschaft ist doch nicht spektakulär, sie ist ein Handwerk wie eine Mauer gerade zu bauen oder Fliesen zu verlegen. Es ist ein Tool und muss damit auch nicht spektakulär sein."

Als diese Krise im Anrollen war, wurde ja auch immer wieder die Hoffnung geäußert, die Reaktion darauf könnte ein Rückbesinnen auf bewährte Werte, auf nachhaltiges Wirtschaften sein. Teilen Sie diese Hoffnung?
HÖTSCHL: Ich befürchte, dass sich da nichts ändern wird. Solange zum Beispiel diejenigen, die schlecht gewirtschaftet haben, nicht ausscheiden dürfen, haben wir in der Wirtschaft ein Grundproblem. Wir alle – und auch die Wirtschaft – funktionieren nach naturwissenschaftlichen Gesetzmäßigkeiten und Regeln. Absterben ermöglicht neues Leben. Wer groß genug ist, um trotz wirtschaftlicher Schieflage von irgendjemandem aufgefangen zu werden – meistens von der öffentlichen Hand –, bricht quasi diese Regel. Das Ausscheiden von Unternehmen, die schlecht gewirtschaftet haben, muss wieder möglich werden. Um Platz zu machen für die, die gut gewirtschaftet haben. Auch das ist ein Prinzip, das ausgehebelt wurde.

Auch an der Praxis vieler Unternehmen, Geld riskant anzulegen statt – in Ihrem Sinne – konservativ zu agieren, wird sich Ihrer Meinung nach nichts ändern?
HÖTSCHL: Ich kann leider keine Anzeichen eines generellen Umdenkens erkennen. Und ich denke, dass es sehr schwierig werden wird, wieder zurückzufinden. Und wenn doch, dann nur über einen massiven Schnitt. Ich bin davon überzeugt, dass der Finanzsektor in Relation zum Dienstleistungs- und Produktionssektor eine viel zu große Bedeutung erlangt hat und immer noch hat. Da herrscht eine massive Schieflage. Wenn ein Unternehmen

heute durch eine Geldtransaktion wesentlich mehr verdienen kann als durch Nutzenstiftung seiner Produkte oder durch Dienstleistungen (z. B. Altenbetreuung oder Tourismus oder was für sinnvolle Unternehmenszwecke auch immer), dann hört sich für mich alles auf. Die eigentliche Aufgabe der Banken ist doch das Verwalten von Spareinlagen und die Finanzierung. Aber davon ist keine Rede mehr: Viele Banken sind heute völlig abgehoben und mit sich selbst beschäftigt."

»Ich bin überzeugt, dass der Finanzsektor in Relation zum Dienstleistungs- und Produktionssektor eine viel zu große Bedeutung erlangt hat und immer noch hat.«

Wenn man Ihnen so zuhört, hat man den Eindruck, sie seien selbst Eigner eines Familienunternehmens. Stehen Sie, was Ihr zurückhaltenderes Agieren betrifft, eigentlich unter Druck „von oben"?

HÖTSCHL: Als Manager ist man natürlich nicht unbeeinflusst, man hat Aufsichtsgremien über sich. Die Frage ist aber immer, wie sich die verhalten. Mein Aufsichtsratsvorsitzender war lange Zeit der Gründer von Kelly, und er vertrat genau diese Philosophie. Ein Risiko über dem Jahresergebnis war für ihn nicht denkbar. Die Frage ist also immer: Was lassen die Aufsichtsgremien zu? Er hat zu mir gesagt: Versuche nie, bei den Eigentümern gut dazustehen, indem du „on the edge" gehst. Du musst tun, was das Unternehmen braucht, und nicht, was die Eigentümer brauchen.

Kelly ist heute aber Teil des Snack-Netzwerks der IS-Group. Die verlangt kein höheres Risiko von Ihnen?
HÖTSCHL: Nein, dann wäre ich am falschen Platz. Natürlich müssen die Ergebnisse stimmen, aber die Idee, dass man nur nachhaltig wirtschaften kann, wenn man nicht die Regeln der Betriebswirtschaft zu sprengen versucht, wird auch von den neuen Eigentümern geteilt.

Als wesentlicher Aspekt nachhaltiger Unternehmen wird der Umgang mit den Partnern gesehen. Der Lebensmittelhandel gilt als eher ruppiges Feld. Wie ist Ihre Beziehung zum Handel?
HÖTSCHL: Im Lebensmittelhandel gibt es natürlich verschiedene hierarchische Stufen. Die unterste Stufe ist häufig vom Ehrgeiz getrieben, alles zu optimieren. Die Menschen im Lebensmittelhandel beschäftigen sich ja meist nicht mehr mit den Produkten, sondern mit den Preisen.

Die nächste Stufe ist schon etwas vorsichtiger und weiß durchaus zu schätzen, wenn es um Know-how geht und nicht nur um den Preis. In den Gesprächen auf dieser Ebene geht es bereits um Sortimente.

Mit der Führungsebene haben Sie eine ganz andere Gesprächsbasis. Die Manager wissen, wo das Know-how sitzt. Dort diskutieren wir nicht über zwei Prozent Rabatt, sondern über die Frage, wie wir den Konsumenten so tolle Produkte bieten können, dass die gerne bereit sind, dafür ihr ehrlich verdientes Geld auszugeben. Ich kann generell über die Kooperation mit dem Handel nicht klagen.

Ähnlich nachhaltig scheint das Unternehmen den Umgang mit den Lieferanten zu gestalten. Kelly kauft seit mehr als einem Vierteljahrhundert Mehl bei einer österreichischen Mühle. Vor sieben Jahren kam ein zweiter Partner hinzu. „Und die beiden", sagt Hötschl, „können sich auch darauf verlassen, dass sie nicht ausgetauscht werden, dass nicht permanent über Sein oder Nichtsein diskutiert wird. Es gibt gute und schlechte Jahre, aber die Frage ist doch: Schafft man über die Jahre hinweg eine Form der Zusammenarbeit, auf die man sich verlassen kann? Schafft man eine Verhandlungssituation, in der man einander vertrauen kann? Das haben wir immer so gehandhabt. Unsere Kartoffelbauern sind heute Chips-Produzenten und keine Erdäpfel-Lieferanten. Wenn sie anliefern und eine halbe Stunde warten, können sie mit der fertigen Chips-Packung nach Hause gehen, und darauf steht sogar die Herkunftsregion der Kartoffeln. Damit wissen die Lieferanten aber auch ganz genau, welche Qualität des Rohstoffes wir brauchen und warum."

»Unsere Kartoffelbauern sind heute Chips-Produzenten und keine Erdäpfel-Lieferanten.«

Aus der Region

Seit dem Sommer 2009 ist auf der Rückseite der Verpackungen von Kelly's Chips und Mini Fritts die Herkunftsregion der Kartoffeln ausgelobt. Ein TÜV-Siegel garantiert dabei, dass die Kartoffeln, die für die Produktion verwendet werden, aus der gekennzeichneten Region stammen. Bei jeder einzelnen Chips-Verpackung ist für den Konsumenten auf der Rückseite erkennbar, ob die verarbeiteten Kartoffeln aus dem Marchfeld, aus Absdorf, Stockerau, Hollabrunn, Korneuburg, Mistelbach oder dem Seewinkel stammen.

Die Kartoffelbauern stehen somit auch nicht unter Druck, wenn die Ernte schlecht ausfällt. „In trockeneren Jahren, wenn die Kartoffeln kleiner sind, könnten wir natürlich sagen: Vertrag ist Vertrag. Was wir aber sagen, ist: Liefert uns eben auch die kleineren Kartoffeln, und wir sortieren sie so, dass wir sie in der Produktion unterbringen. Konstanz ist das, was wir in unseren Beziehungen wollen, das ist ein Schlüsselfaktor. Dadurch können durchaus kurzfristige Mehrkosten entstehen – aber über die Jahre rechnet sich das. Betrachten Sie andere Unternehmen, wie zum Beispiel Darbo oder Staud's: Die handeln im Grunde alle so, und genau deshalb sind sie auch erfolgreich."

Jahresplanung

Kelly bezieht die Folien für die Snack-Verpackungen von einem griechischen Unternehmen (da in Österreich kein entsprechender Partner gefunden wurde). Kelly liefert dem Partnerunternehmen seine Produktionsdaten ein Jahr im Voraus. Erst nachgeordnet folgen dann Monats- und Wochenplanungen.

„Unser Partner produziert also über ein Jahr hinweg, sodass er seine eigenen Prozesse optimieren kann. Damit weiß er, dass er nicht permanent um den Auftrag zittern muss. Um jede Folie zu verhandeln wäre vielleicht billiger, aber es wäre sinnlos. Der Vorteil wäre so gering im Verhältnis zur langfristigen Bindung, dass ich es ganz einfach nicht mache."

Gentlemen's Agreement

Die von Kelly beauftragten Speditionen bewegen pro Jahr einen imaginären Lkw-Zug, der von Wien bis Passau reicht. Die Abrechnung erfolgt auf Basis eines in dieser Branche äußerst ungewöhnlichen Gentlemen's Agreement: Die Spedition erhält für jede Fahrt eine Gutschrift, die sie selbst berechnet und an den Auftraggeber weiterleitet.
„Wir könnten natürlich jede einzelne Rechnung überprüfen, und wenn dann etwas nicht stimmt, die Kommunikation anrollen lassen", sagt Wolfgang Hötschl. „Oder aber wir sagen: ‚Wir kennen einander nun seit vielen Jahren, also gibt es jedes Mal, wenn du für uns fährst, eine Gutschrift.' So kann man aber nur agieren, wenn man weiß, dass dieses System korrekt funktioniert. Das geht nur, wenn man einander vertraut und das durch langjährige Beziehung bestätigt."

Den Umgang mit den eigenen Mitarbeitern beschreibt Hötschl anhand einer Kollektivvertragsproblematik:

Eine schwierige Situation entstand im Jahr 1996. Damals fusionierten Kelly und die Feldbacher Backwarenwerke. Letztere unterlagen dem Kollektivvertrag der Süßwarenindustrie, während für Kelly der KV der Kartoffelverarbeitungsindustrie galt, der darunter liegt. Die KV-Stufungen differierten zum Teil um bis zu 25 Prozent.

Wolfgang Hötschl fuhr damals nach Feldbach und verkündete, dass nach der Fusion der niedrigere Kollektivvertrag gelten werde. Die Reaktion war dementsprechend frostig. „Also habe ich folgenden Vorschlag gemacht: Wir deckeln den Kollektivvertrag, wir frieren ihn so lange ein, bis der Kelly-Kollektivvertrag auf das Süßwarenniveau nachgezogen hat. Und ich verspreche euch: Wenn ihr die Produktions- und Produktivitätsziffern, die wir von euch in Feldbach gewohnt sind, weiterhin bringt, gibt es erstens keine Arbeitsplatzverluste, und zweitens wird der Fehlbetrag am Jahresende ausgeglichen."

Die Mitarbeiter stimmten dem Vorschlag schließlich zu. „Ich erinnere mich noch sehr genau an die eisige Stimmung, die mir danach bei der ersten Weihnachtsfeier in Feldbach entgegenschlug. Im Rahmen der Feier haben wir dann die versprochene Bonifikation ausgezahlt, und nach sieben Jahren war die Differenz der beiden Kollektivverträge ausgeglichen. Das alles haben wir ohne Verträge über die Bühne gebracht. Wir haben ganz einfach ein Versprechen gegeben und es gehalten. Ist das

Nachhaltigkeit? Ich weiß es nicht, ich weiß nur, dass ich es genau so im Unternehmen handhaben will."

„Soziale Aufgabe"

Kelly finanziert seit Jahren die Arbeit der CliniClowns im Preyer'schen Kinderspital in Wien und die Blutspendezentrale des Roten Kreuzes. „Viele unserer Konsumenten sind Kinder, Jugendliche und junge Familien", sagt Wolfgang Hötschl. „Ein Unternehmen wie Kelly hat auch eine soziale Aufgabe. Wir haben uns nicht nur Entertainment und Genuss auf unsere Fahnen geschrieben, sondern wir haben auch gesagt: Wenn junge Menschen in Not sind, vor allem, wenn sie krank sind, muss unser Unternehmen einen Beitrag dazu leisten, Abhilfe zu schaffen."

Sie definieren Nachhaltigkeit also doch nicht nur über Betriebswirtschaft, sondern auch über Beziehungen?
HÖTSCHL: Es gibt in diesem Zusammenhang einen Stehsatz, der immer wieder verwendet wird: Ein Unternehmen ist nur so viel wert wie das, was die Menschen in diesem Unternehmen bewirken. Mir ist schon klar, dass das nach Platitude klingt. Ich habe zeit meines Lebens auf langfristige Beziehungen zu Menschen gesetzt. Wenn die Menschen zu einer friktionsfreien Zusammenarbeit finden, dann können sie Berge auf diese Beziehung bauen.

Unternehmen verlieren ja nicht an Kraft, weil sie keine Ideen mehr haben – davon gibt es immer genug. Sie verlieren an Kraft, weil sie ihre Ideen nicht in den Markt übersetzen können und nicht langfristig umsetzen können. Das passiert vor allem dann, wenn im Unternehmen Bereiche entstehen, die abgeschlossen von den anderen operieren. Unternehmen verlieren ihr Geld an jenen Punkten, wo Schnittstellenprobleme auftauchen.

Und wie vermeiden Sie diese Probleme?
HÖTSCHL: Ich gebe Ihnen ein Beispiel: Unsere Produktion arbeitet in Schichten. Es ist also naheliegend, dass die Produktion ihre Abläufe für sich selbst optimiert. Dann stimmen zwar höchstwahrscheinlich die Produktionsdaten, aber im Unternehmen kommt es zu großen Lagerbeständen. Und so tritt der klassische Ablauf ein: In einem Bereich entstehende Probleme werden an den nächsten Bereich weiterverschoben. Und zwar am besten so, dass es möglichst niemand bemerkt. So entstehen nicht nur schlechte Abläufe – so entstehen entstehen Intrigen, Neid und Missgunst.

Also muss sich das Unternehmen die Frage stellen, wie es das Optimum definiert. Das schaffen Sie nur, indem sich das Management zusammensetzt und die verschiedenen denkbaren Optima übereinanderlegt. Prozessdenken entwickelt sich allerdings nur durch langfristiges Trainieren und Coachen von Führungskräften und deren Mitarbeitern nach klaren Regeln. Entscheidend ist, diesen Fluss über alle Bereiche aufrechtzuerhalten, und das erreicht man nur, wenn jeder Manager am Unternehmensgesamterfolg partizipiert. Und wenn im Unternehmen auch das Vertrauen herrscht, dass der jeweils andere seinen Job optimal erledigt.

»Ich habe zeit meines Lebens auf langfristige Beziehungen zu Menschen gesetzt. Wenn die Menschen zu einer friktionsfreien Zusammenarbeit finden, dann können sie Berge auf diese Beziehung bauen.«

Die Definition von Nachhaltigkeit über die drei Säulen Ökonomie, Soziales und Umwelt ist für Sie offenbar nicht sehr relevant?

HÖTSCHL: Natürlich gibt es in Unternehmen immer wieder Problemstellungen, die man unter einzelnen Aspekten betrachtet. Ich bin aber davon überzeugt, dass dies immer Prozess-Charakter haben muss. Es gibt bei diesem Thema kein isoliertes Vorgehen. Wie man es dann nennt, ist letztlich völlig egal.

(bpf)

EVN

Im Dialog Verständnis schaffen

Als Selbstverständlichkeit wird Nachhaltigkeit beim niederösterreichischen Energie- und Umweltdienstleister EVN betrachtet. Eine Selbstverständlichkeit, die vor allem im Bereich Ökologie bereits seit Jahrzehnten umgesetzt wird. Auch wenn die Triebfeder für die stetige Weiterentwicklung mitunter auch auf den Druck von außen zurückzuführen ist – „Wir haben unser umfangreiches Know-how der unglaublich strengen Umweltgesetzgebung in Österreich in den letzten 20 bis 30 Jahren zu verdanken" –, zählt letztendlich das Ergebnis. Und das ist in diesem Falle zum Wohle der Umwelt – im Sinne der Nachhaltigkeit. Eines der obersten Grundprinzipien ist: „Egal, was in den einzelnen Ländern an Reststoffen anfällt – ob Müll oder Schlamm –, wir machen aus all dem Energie – und zwar Strom und Wärme."

Im Jahr der Krise, das der Energieanbieter jedoch wenig bis kaum gespürt hat, wurde im Bereich CSR nicht gespart. Vielmehr konnten bei gleichbleibendem Budget strukturelle Verbesserungen innerhalb des CSR-Beratungsteams durchgeführt werden. „Das ist ein Entwicklungsprozess, der in dieser Form bereits seit Anfang 2007 läuft", erklärt Peter Zaruba, CSR-Beauftragter. Damals wurde das Beratungsteam aufgrund eines Vorstandsbeschlusses gegründet, gelebt und betrieben wurde CSR schon lange bevor es diesen Begriff überhaupt gab.

„Die gelebte Nachhaltigkeit hat auch stark mit unserer Branche zu tun“, so Unternehmenssprecher Stefan Zach. „Wir planen unsere Projekte so, wie es ein rein marktwirtschaftlich ausgerichtetes Unternehmen nicht machen könnte. Unsere Projekte sind auf 30, 40 oder sogar 50, 60 Jahre ausgerichtet, und so denkt diese Branche auch. So denken wir etwa bei der Errichtung von Wasserkraftwerken. In anderen Bereichen haben wir Defizite, und das war einer der Gründe, warum wir die Organisation 2007 gegründet haben, damit das gesamte Unternehmen CSR-fit gemacht wird.“

»Unsere Kerngeschäftsfelder Energie und Umwelt sind schon nachhaltig.«

Zurück zur Ökologie – dem allerersten EVN-Standbein im Bereich Nachhaltigkeit. Seit 1992 gibt es einen Umweltbericht, seit 2002 einen Nachhaltigkeitsbericht, der sich historisch aus Ersterem entwickelte. „Einer der ökologischen Gesichtspunkte, die man dabei hervorhob, war unter anderem die EMAS-Zertifizierung von Kraftwerken. Wir waren die Ersten, die Rauchgas-Entschwefelungen eingebaut haben, bevor man es noch rechtlich machen musste“, berichtet Zaruba, „hier haben wir bereits im Vorfeld viel Geld investiert. Gerade bei unseren Leitungsprojekten beobachten wir sehr genau, wo die gröbsten Eingriffe in die Natur sind.“

In diesem Sinne wird bereits im Vorfeld der Dialog mit Naturschutzbehörden und Naturschützern gesucht.

Auch Ökologen wurden immer wieder beratend herangezogen.

Entstand dieses Bewusstsein aufgrund eines Drucks von außen oder aus einer Eigenverantwortung heraus?
PETER ZARUBA: Das entstand auf Wunsch unserer Führungskräfte, also aus Eigenverantwortung. Wir mussten uns ja nicht als Netzbetreiber zertifizieren lassen und auch nicht unsere Kraftwerke, aber es war absehbar, dass es zum allgemeinen Trend wird. Wir waren hier immer Vorreiter. Wir waren beispielsweise der erste Betrieb, der im Gasbetrieb zertifiziert war, auch unsere Fernwärmekraftwerke sind zertifiziert.

Das heißt, Sie stehen nicht so wie z. B. ein Rohölkonzern unter öffentlicher Beobachtung?
ZARUBA: Sicher nicht so sehr wie ein Rohölkonzern, weil unsere Kerngeschäftsfelder Energie und Umwelt per se schon nachhaltig sind. Das Erdölgeschäft ist an sich problematischer, Erdöl aus fremdem Grund zu entnehmen, es aufzubereiten, zu verbessern und zu einer Energieform umzuwandeln. Unsere Geschäftsfelder sind Energie und Umwelt – angefangen vom Trinkwasser über Müllverbrennung, Kläranlagen bis zur Wasseraufbereitung und schließlich Strom, Gas und Wärme – die Energiesparte.

Wobei Sie ja auch Leitungen durch fremde Gründe legen …
ZARUBA: Müssen wir, weil wir zum Kunden wollen. Die Ökonomie ist klarerweise unser oberstes Ziel, sonst

könnten wir uns nicht mit CSR oder Ähnlichem beschäftigen.

Wie agieren Sie dabei vor Ort im Dialog mit den Menschen?
ZARUBA: Wir binden bereits im Vorfeld die Grundeigentümer respektive Pächter ein. Das heißt, wir organisieren Treffen mit den Eigentümern, meistens treffen wir uns in den Katastralgemeinden mit den Zuständigen im ortsansässigen Gasthaus. Da klären wir über die wesentlichen Punkte auf. Um welche Leitungen es sich handelt, wie eine Bauphase aussieht, da werden Fotos hergezeigt usw. Grundeigentümer haben hier die Möglichkeit, Fragen zu stellen. Es ist klar, dass immer wieder Entschädigung und Abgeltung von Flurschäden ein Thema sind. Aber im Grunde ist es so, dass wir versuchen, Verständnis zu schaffen.

Eine weitere Prämisse ist: Es wird jeder gleich behandelt. Es gibt keine Ausnahme. Es gibt einen Satz, wonach wir bezahlen, und der wird mit der Landwirtschaftskammer ausverhandelt. Mit dieser ehrlichen Art und Weise haben wir sehr gute Ergebnisse erzielt. Offenheit, Fairness, gleiches Recht und gleiche Bedingungen für alle – egal ob jemand 10 Quadratmeter oder 1.000 Quadratmeter besitzt. Dieses ehrliche Kommunizieren ist sehr wichtig.

Womit wir direkt bei der Kommunikation oder genauer beim Umgang miteinander und Ihren Dialoggruppen angelangt sind …

ZARUBA: Die soziale Komponente ist uns sehr wichtig. Auch historisch bedingt hatte das schon immer einen hohen Stellenwert, zum Beispiel Mitarbeiterzufriedenheit, soziale Sicherheit, EVN als fairer und sicherer Arbeitgeber.

Was jetzt in der Krise auch durchgezogen werden konnte – weil Sie davon ja nicht sehr betroffen waren …

ZARUBA: Wenn Sie das Thema Kündigungen ansprechen: Die Frage hat sich uns glücklicherweise nicht gestellt. Das wäre der letzte Ausweg gewesen. Vor allem weil unsere Projekte langfristig angelegt sind. So realisierten wir letztes Jahr Projekte, die gingen bereits 2002 in die Primär-Planungsphase. Wir hatten im „Krisenjahr 2009" einen regelrechten Bauboom.

STEFAN ZACH: Die Branche investiert antizyklisch und profitiert davon.

ZARUBA: Die öffentliche Hand – also Gemeinden usw. – hat ausgelassen und ist als Arbeitgeber ausgefallen. Wir beschäftigten vermehrt Baufirmen und Dienstleister aus Stahlsektoren. Eine Win-win-Situation für alle: Wir haben gute Preise seitens der Dienstleister bekommen, die ihrerseits über Aufträge froh waren.

ZACH: Wir sind an sich von der Wirtschaftskrise in unserem Versorgungsgebiet, gerade im Hinblick auf den Strom- und Gasabsatz, nicht so betroffen gewesen wie andere Unternehmen aus der Branche. Wir haben in Niederösterreich keine energieintensive Schwerindustrie, wie sie beispielsweise in Oberösterreich oder der Steiermark beheimatet ist. Dort sind die Absätze teilweise eingebrochen. Wenn etwa die VOEST zwei oder drei Monate Kurzarbeit einführt oder nicht mehr produziert, dann bedeutet das für die Energie AG Oberösterreich einen deutlichen Einbruch beim Stromabsatz von 30 bis 35 Prozent.

Und was haben Ihre Mitstreiter in den Bundesländern unternommen?

ZACH: Im Detail entzieht sich das unserer Kenntnis. Die Energie AG etwa hat während der Wirtschaftskrise auch personelle Maßnahmen angekündigt, wie Frühpensionen oder Teilzeitarbeit. Wir unterscheiden uns von anderen österreichischen Energieanbietern dadurch, dass wir sehr breit aufgestellt sind. Wir haben stark in den Umweltbereich investiert. Wir haben in mittlerweile 14 Ländern Kläranlagen, Trinkwasseraufbereitungsanlagen, Müllverbrennungsanlagen und auch – für ein österreichisches Unternehmen ungewöhnlich – Meerwasser-Entsalzungsanlagen, wie etwa in Montenegro, errichtet. Trotzdem bleiben wir kerngeschäftsnah. Unser Grundprinzip ist: Egal, was in den einzelnen Ländern an Reststoffen anfällt – ob Müll oder Schlamm –, wir machen aus all dem Energie – und zwar Strom und Wärme. Das ist einer der nachhaltigsten Prozesse, die wir im Unternehmen haben. Wir verwerten etwa auch Klärschlamm. Das ist ein großes, weltweites Problem. Jede Kommune braucht eine ordnungsmäßige Abwasserbereinigung. Sie sehen, wie wichtig so etwas ist, wenn Sie etwa nach Belgrad in die Donau schauen, dort gibt es derzeit noch keine Kläranlage. Bei Zagreb merken Sie den Unterschied. Dort haben wir mit deutschen Partnern eine Großkläranlage gebaut. Das ist allerdings kein südosteuropäisches Problem, so hat zum Beispiel Brüssel erst vor wenigen Jahren eine Kläranlage bekommen. Diese Probleme haben alle großen Städte. Wir bauen also Kläranlagen, und da fallen unglaubliche Mengen an Klärschlamm an. Hierfür haben wir eigene Klärschlammverbrennungsanlagen entwickelt.

»Unser Grundprinzip ist: Egal, was in den einzelnen Ländern an Reststoffen anfällt, wir machen aus all dem Energie.«

Die, für Nicht-Techniker gesprochen, wie funktionieren?
ZACH: Wir haben ein Gesamtkonzept entwickelt, um den Schlamm, der bei Kläranlagen entsteht, wieder in Energie umzuwandeln. In mehreren Schritten wird dieser Schlamm getrocknet, zuerst in Faultürmen, wo er erhitzt wird und ein biogenes Gas entsteht, das wiederum in einem Blockkraftwerk verbrannt und dadurch in Strom und Wärme umgewandelt wird. Die Wärme wird zur Trocknung des Schlamms verwendet. Der nun getrocknete Klärschlamm wird in einer Klärschlammverbrennungsanlage – wie eine Müllverbrennungsanlage zu verstehen, nur mit anderen Temperaturen – verbrannt. Übrig bleibt, neben einem geringen Anteil an Filterkuchen, granulierte Asche. Hier sind wir gerade in einem Patentverfahren, um diese Asche als Dünger verwenden zu dürfen.

Was aber auch hohe Investitionskosten bedeutet …
ZACH: Natürlich muss man einmal in Anlagen investieren, aber das rechnet sich. Durch die Klärschlammverbrennung erzeugen wir ja auch noch Strom und Wärme. Die Anlagen, die wir haben, sind übrigens energieautark. Vielmehr noch erzeugen sie mehr als sie selbst verbrauchen und versorgen somit noch weite Regionen. In Niederösterreich hat der Müll in etwa einen Kohlenstoffanteil von 50 Prozent, und aus dem erzeugen wir allein in Dürnrohr Strom für etwa 170.000 Haushalte und Fernwärme für die Gemeinde plus die Landeshauptstadt St. Pölten und für die Agrana. Das machen wir auch in Wien und in Moskau.

Wie steht es um die Nachhaltigkeit bei der Errichtung anderer Kraftwerke?
ZACH: Diese Nachhaltigkeit bringen wir bei der Errichtung von konventionellen Kraftwerken nicht zustande. Das muss man auch festhalten. Die Errichtung eines Kraftwerks ist ein Eingriff in die Natur, egal ob Windrad oder Wasserkraftwerk oder kalorisches Kraftwerk, selbst bei Biomasseheizwerken. Wir können hier nur versuchen, es so naturverträglich wie möglich zu machen, aber diese Kreisläufe schaffen wir hier nicht.

Woher kommt dieses Know-how?
ZACH: Wir haben es der in Österreich unglaublich strengen Umweltgesetzgebung der letzten 20 bis 30 Jahre zu verdanken.

Das heißt, das war eine Wechselwirkung – Sie mussten die gesetzlichen Vorgaben einhalten …
ZACH: Ja, wir mussten diese strengen Bestimmungen einhalten und erfüllen, weil wir als langfristig orientiertes Unternehmen immer versucht haben, bei jedem Technologiesprung einen Schritt voraus zu sein, um nicht nach fünf Jahren wieder nachrüsten zu müssen. Ich spreche hier vor allem von der Technik, also unseren Kraftwerksanlagen, wo wir versucht haben, gleich zwei Schritte zu machen.

»Es geht um das Schaffen von Bewusstsein.«

Sie sind in vielen Ländern vertreten. Wie gehen Sie bei einem Markteintritt vor? Was muss beachtet werden?
ZARUBA: Im Grunde schauen sich das unsere Spezialisten im Vorfeld sehr genau an. Wir haben unsere Fachabteilungen, Strom-, Gastechniker einerseits, die kaufmännische Seite andererseits. In all diesen Bereichen wird bewertet, ein Business-Plan erstellt, und sicher haben wir versucht, in Märkte zu investieren, in denen ein höheres Wachstum als in unseren Regionen zu erwarten ist.

Werden Sie als CSR-Beauftragter der EVN im Vorfeld hingeschickt, um sich die Umstände anzusehen?
ZARUBA: Nein, wir vertrauen auf lokale CSR-Spezialisten. Zum Beispiel wird in Albanien gerade ein eigenes CSR-Team formiert. Das würde unseren Rahmen sprengen, müssten wir im Ausland Prognosen erstellen.

Die OMV etwa macht dies ja …
ZACH: Jetzt müssen Sie sich überlegen, was die EVN außerhalb Österreichs für Projekte verwirklicht. Wenn wir Verteilgesellschaften kaufen – also Netzgesellschaften –, achtet man auf den technischen Zustand. Alles, was man an Daten und Fakten bekommt, sagt über die Wirklichkeit oft wenig aus. Natürlich machen wir uns auch vor Ort ein Bild und werfen einen Blick auf die mitgetragene Strategie, wodurch bestimmte Projekte von uns ausgeschlossen werden.
ZARUBA: Wir beginnen mit unserer Arbeit dann, wenn wir mit dem Projekt beginnen. Wir haben zum Beispiel in Albanien große Wasserkraftprojekte. Hier ist CSR von Beginn an wichtig gewesen. Wir suchen vor Ort Spezialisten, die die Öffentlichkeitsarbeit machen, die den Kontakt mit den NGOs herstellen, die die Unterstützer aussuchen und das Projekt leiten. Es geht um das Schaffen von Bewusstsein, da geht es um mehr als die klassischen Tools, die verwendet werden. In Albanien wussten wir ja nicht einmal, wem Teile des Landes gehören, durch die wir mussten. Es gibt in Albanien keinen Grundkataster, es gibt Verträge, die über Jahrzehnte zurückgehen.

»Ich muss Betroffenheit, Verständnis, Visionen erzeugen, dann kann ich versuchen, es umzusetzen.«

Wie grenzt man das ein?
ZARUBA: Da brauchen Sie Leute vor Ort, die sich damit

beschäftigen. Sie können nicht alles mit Geld lösen, das ist auch nicht unsere Art und der falsche Ansatz.

Also vor Ort ein Team aufstellen – das ist Ihr Zugang.
ZARUBA: Unsere Philosophie ist immer folgende: Wir haben in Österreich unsere Fachleute, die vor Ort ihr Know-how, unsere Standards, übertragen – natürlich an die lokalen Verhältnisse adaptiert. Ganz wichtig ist die angesprochene Bewusstseinsbildung. Das heißt, alle Aktionen machen keinen Sinn, wenn das nicht ins Bewusstsein der lokalen Bevölkerung gelangt. Ich muss Betroffenheit, Verständnis, Visionen erzeugen, dann kann ich versuchen, es umzusetzen. Wir binden die Bevölkerung ein, etwa über die Wissensvermittlung wie Schulungen. Darüber hinaus müssen die Betroffenen Teil des Geschäftserfolges werden. In Albanien wurde in einem Materiallager vermehrt eingebrochen. Mit bewaffneten Patrouillen konnten wir dessen nicht Herr werden. Erst ab dem Zeitpunkt, an dem die lokale Bevölkerung zur Überwachung eingebunden wurde, funktionierte es.

»Der Begriff CSR hat immer etwas künstlich Aufgesetztes an sich.«

Mit Bewusstseinsbildung zum Erfolg …
ZARUBA: Genau, das ist auch ein wesentlicher interner Aspekt. Die Kollegen der CSR-Abteilungen aller Länder treffen einander zweimal im Jahr. Hier tauschen wir im

Rahmen von Workshops unsere Erfahrungen aus. Ich muss mich wiederholen: Das haben wir schon immer gemacht, jetzt wird es als CSR bezeichnet. Wobei der Begriff an sich immer einen bitteren Beigeschmack hat, er hat etwas künstlich Aufgesetztes an sich.

Was war es dann – Nachhaltigkeit?
ZARUBA: Es waren sicher Nachhaltigkeitskonzepte, natürlich konzentriert auf die Ökonomie/Technologie. Soziale Projekte wurden unter unserer sozialen Verantwortung genannt. Jetzt hat es einen anderen Stellenwert bekommen, mitunter durch die eigene CSR-Abteilung.

Sie haben ja auch den Trigos Award in der Kategorie „Gesellschaft" erhalten und nicht in „Umwelt" …
ZARUBA: Das war für uns überraschend und erfreulich, weil einige sehr tolle Projekte in die engere Auswahl gekommen sind, etwa das faszinierende Projekt der Zweiten Sparkasse. Wir haben vor zwei Jahren den Trigos in der Technik gewonnen – das ist unser Kerngeschäft.

Best Practice
Stakeholder-Dialog in Bulgarien

Im Jahr 2009 erhielt die EVN erstmals in der Kategorie „Gesellschaft" eine Auszeichnung für besonders nachhaltigen Umgang mit Dialoggruppen.

Konkret wurde ein Projekt rund um den Ausbau der Stromversorgung im Stadtteil Stolipinovo der bulgarischen Stadt Plovdiv ausgezeichnet. Dieser Stadtteil ist eine der größten Roma-Siedlungen Südeuropas und durch Ausgrenzung, Armut, Kriminalität und Verwahrlosung gekennzeichnet. Probleme lagen u. a. bei der Strom- und Wasserversorgung wie auch bei der Abwasser- und Müllentsorgung. 2005 übernahm EVN die Stromversorgung von Plovdiv als neuer Mehrheitseigentümer.

Die EVN stand damals einerseits vor einer großen technischen Herausforderung (veraltete Elektrizitätsstrukturen), andererseits vor der Aufgabe der Bewusstseinsbildung (kaum existente Zahlungsmoral). In enger Zusammenarbeit mit Roma-Vertretern und NGOs machte die EVN den Bewohnern ein umfassendes Angebot: Komplette Erneuerung der regionalen Infrastruktur, Herabsetzung der bislang auf hohen Masten installierten Zähler auf Augenhöhe, Umschuldung der ausstehenden Forderungen bei gleichzeitigem Commitment zu konsequenter Bezahlung und notfalls Abschaltung. Mittels Broschüren, Gesprächen und Informationsveranstaltungen versuchte die EVN, Bewusstsein für einen effizienten Umgang mit Energie zu schaffen – begonnen bei Schulkindern.

Insgesamt wurden 187 Kilometer Stromnetz modernisiert, 17 Trafostationen umgerüstet und 6.400 Stromzähler montiert, die via Drahtlosverbindung fernabgelesen werden. Zusätzlich bot man Roma-Familien

Beratungskurse an, in denen Haushaltsbudgets erstellt wurden. Das Vertrauen der Bevölkerung wuchs zunehmend.

Durch das Projekt konnte die Zahlungsrate bei den Stromkunden im Monatsschnitt von 3% auf 85% gesteigert werden. Gleichzeitig konnten die technologischen Verluste im Niederspannungsnetz von 40% auf 5% reduziert werden.

Quelle: http://www.evn.at/Verantwortung.aspx

Sind Ihre Aktivitäten rund um Nachhaltigkeit kodifiziert?
ZARUBA: Ja, wir haben – das war auch ein Verdienst des CSR-Teams – seit letztem Jahr einen Verhaltenskodex *(Anmerkung: Gemeint ist das Jahr 2009).*

Erst seit letztem Jahr?
ZARUBA: Weil wir uns einiges dazu überlegt und uns intensiv damit auseinandergesetzt haben. Auch im Know-how-Austausch mit anderen Firmen haben wir vieles dazugelernt.

Bleiben wir beim Verhaltenskodex, inkludiert dieser auch Sanktionsmechanismen?
ZARUBA: Die gibt es, wobei die Regelung nicht ganz eindeutig ist. Aber es geht in die Richtung, dass die direkten Vorgesetzten mit ihren jeweiligen Mitarbeitern Gespräche führen müssen. Zunächst aufklärend, dann

ist es jedem Vorgesetzten in der Linie selbst überlassen, wie er mit disziplinären Maßnahmen umgeht. Es gibt allerdings keine expliziten Verhaltensregeln. Das ist den Führungskräften in ihren Häusern überlassen. Aber es gibt zum Beispiel Richtlinien gerade Korruption betreffend – sowohl in Österreich als auch im Ausland. Es gibt einen Compliance Officer im Haus, der gegebenenfalls bei Belangen, die im Verhaltenskodex angesprochen sind, zu kontaktieren ist und Hilfestellung geben kann und soll.

War das in der Vergangenheit ein großes Thema?
ZARUBA: Nein, aber es war uns klar, dass wir es thematisieren müssen. Vor allem, wenn der Fall eintritt, müssen wir wissen, wie wir damit umgehen. Genau dann benötige ich das Werkzeug. Seitens der Mitarbeiter wurde diesbezüglich kein Wunsch geäußert, es war eher hinsichtlich der Außenwirkung wichtig.

»Wir bleiben immer in unserem Kerngeschäft.«

Womit wir wieder beim Thema Verantwortung für die Bevölkerung vor Ort sind. Wie weit geht die EVN in ihrer Verantwortung?
ZARUBA: Wir bleiben immer in unserem Kerngeschäft. Wie angesprochen, ging es in Bulgarien um die Stromversorgung. Bis jetzt war es immer die Verteilung von Strom, jetzt kommt die Erzeugung dazu, damit kommt Wärme – also Fernwärme – hinzu. Es geht eines ins

andere. Es geht in Richtung Versorger – allgemein in Richtung Erhöhung der Lebensqualität.

Wie gehen Sie dabei mit Lieferanten/Dienstleistern um?
ZARUBA: Bei den Lieferanten gab es eine Bewertung durch unsere Mitarbeiter. Das hat sich in der Praxis als nicht praktikabel, vor allem durch ein verwendetes SAP-System, erwiesen. Jetzt haben wir Prinzipien – Schulung der Mitarbeiter, Ausrichtung nach ethischen Kriterien –, die wir uns von den Lieferanten im Vorfeld unterschreiben lassen. Exemplarisch für unsere Arbeitsweise mit Lieferanten kann die Ausschreibung für Erd- und Baumeisteranlagen im Jahr 2009/2010 erwähnt werden. Wir haben versucht, unsere Bauverträge an lokale kleinere und mittlere Unternehmen zu vergeben. Erstens, um Wege und Ressourceneinsatz zu minimieren, und zweitens, um ein Naheverhältnis zu Bürgermeistern, Gemeinden, Bauamt etc. aufzubauen. Das war eine echte Win-win-Situation. Diese Vorgehensweise beinhaltet einen enormen Arbeitsaufwand im Vorfeld, um 30 Firmen unter Vertrag zu bekommen, müssen 250 angeschrieben werden. Aber es lohnt sich. Das zu erkennen ist eine CSR-Bildungsmaßnahme.

Womit wir bei der Unternehmensführung angelangt sind – Sie erwähnten, die CSR-Abteilung wurde aufgrund eines Vorstandsbeschlusses ins Leben gerufen …
ZARUBA: Ja. Wir sind eine top-down strukturierte Organisation, wobei das CSR-Beratungsteam dem Lenkungs-

ausschuss berichtet, in dem der Gesamtvorstand vertreten ist. Diesem berichten wir zweimal im Jahr über unsere Aktivitäten, Programme und Prognosen. Wenn es Maßnahmen geben soll, versuchen wir das in einem Vorstandsantrag zu verpacken und dann mit Hilfe der jeweiligen Fachabteilung umzusetzen. Die Führungsetage muss hinter den Projekten stehen, sonst funktioniert es nicht.

Und wie werden Mitarbeiter in Prozesse involviert respektive wie transparent sind diese?
ZARUBA: Jede Abteilung hat für sich einen eigenen Prozess. Dieser Prozess schaut betreffend Risiken und Ablauf immer etwas anders aus. Das wurde analysiert. Im Grunde ist es so, dass die Informationen abteilungsübergreifend auf der Managementebene zusammengeführt werden. Ich denke, dass die Transparenz im erforderlichen Maß vorhanden ist. Das kann ich jedoch nicht für alle Bereiche sagen. Die Einbindung der Mitarbeiter ist sicher auch von den Abteilungsleitern abhängig.

»Von unseren Mitarbeitern wird Eigenverantwortung erwartet, die auch gefördert wird.«

Was ja auch immer etwas mit Mitarbeiterzufriedenheit zu tun hat. Sind EVN-Mitarbeiter denn zufrieden?
ZARUBA: Wir haben eine gute Absicherung. Unsere Fluktuationsrate ist sehr gering. Wir haben alle Altersschichten und einen hohen Anteil an über 50-Jährigen.

Das liegt sicher auch an unserer Struktur. Viele haben bei der EVN gelernt und gehen hier in Pension – das ist kein Einzelfall. Die Bindung ist heute sicher nicht mehr so stark wie früher, weil die Zeit eine andere ist, junge Menschen sind flexibler im Denken.

Was macht die EVN, um junge Mitarbeiter zu halten?
ZARUBA: Wir bieten eine intensive berufsbegleitende Aus- und Weiterbildung an. Das lebenslange Lernen ist ein sehr wichtiger Faktor. Es gibt auch einen Sportverein für EVN-Mitarbeiter – von Schach bis zu Fußball wird alles angeboten. Darüber hinaus haben wir Zusatzversicherungsleistungen oder auch 100 Prozent flexible Arbeitszeiten. Es gibt keine Kernarbeitszeit. Da wird von unseren Mitarbeitern eine gewisse Eigenverantwortung erwartet, die auch gefördert wird.

Wie sieht es mit der Chancengleichheit aus?
ZACH: Historisch bedingt ist der Frauenanteil speziell im technischen Bereich gering, sowohl bei Strom- und Gasinstallateuren als auch bei Uniabsolventen im Bereich Elektrotechnik und Maschinenbau ist der Frauenanteil sehr klein.

Die EVN gibt es seit fast 90 Jahren. Als sich vor sechs Jahren die erste junge Dame um eine Lehrstelle als Elektrotechnikerin beworben hat und hervorragende Testergebnisse hatte, wurde erstmals Neuland in diesem Bereich betreten. Bis dahin hatte sich noch nie eine Frau für diesen Berufsweg interessiert. Wir freuen uns, dass wir mittlerweile eine ganze Reihe junger Damen zu Monteuren ausgebildet haben.

Wir haben in den kaufmännischen Bereichen ungefähr einen 50:50-Anteil von männlichen und weiblichen Lehrlingen. Eine Strategie zu diesem Thema befindet sich in Ausarbeitung. Wir glauben, dass der Schlüssel für die Chancengleichheit eindeutig im Bereich der Ausbildung liegt.

(as)

2. Mit Authentizität zum Erfolg

Unternehmer mit Herz, Hirn und Verantwortung – Unternehmer sehr persönlich

Die Faszination von Nachhaltigkeit in allen ihren Facetten liegt teilweise in der Faszination von einzelnen Personen begründet, von Personen, die den Mut hatten, ein Unternehmen zu gründen, die den Mut hatten, Verantwortung zu übernehmen und in ihrem Tun gegen den Strom zu schwimmen. Es menschelt in unserer harten Businesswelt, es menschelt sogar gewaltig. Einzig, wir müssen es zulassen und unsere Aufmerksamkeit richtig fokussieren. Gefragt ist Authentizität als Erfolgshebel im krisengeschüttelten Wettbewerb, denn ausschließlich dann können Konzepte, wie sie von diesen Persönlichkeiten vorgelebt werden, zur Normalität avancieren und gemeinsam zum weltwirtschaftlichen Erfolg beitragen.

Es geht demnach auf den folgenden Seiten um das Nichtgreifbare, etwas, das sich in keiner Bilanz darstellen lässt, etwas, das uns die Interviewten als „aus dem Bauch heraus“ erklärten. Es geht um Nachhaltigkeit als ganzheitliche Unternehmensphilosophie, nicht als Instrument, vielmehr als Umsetzung der innersten Wertvorstellung jedes Einzelnen, um die faszinierende

Gratwanderung zwischen ökonomischem und persönlichem Erfolg.

Die Facetten der Wirtschaftsethik und das Wirtschaften mit Nachhaltigkeit sind so vielfältig wie Unternehmen, die in diesem Sinne agieren. Da tritt hier die hippe Designerin auf, die ihre Produkte ausschließlich nach Fair-Trade-Aspekten und noch dazu aus Bio-Baumwolle fertigen lässt. Dort finden wir den Geschäftsmann aus der Automatisierungswelt, der uns über die Energieeffizienz seiner Produkte berichtet und gleichzeitig vom fairen partnerschaftlichen Umgang mit seinen Kunden erzählt. Und dann treffen wir noch die Steuerberaterin mit so viel Herz und Verstand, dass man ihr am liebsten gleich beim ersten Gespräch sowohl seine finanziellen als auch seine privaten Angelegenheiten anvertrauen möchte. Eines haben alle diese Persönlichkeiten gemeinsam: Sie leben Nachhaltigkeit, weil es ihrer inneren Einstellung entspricht. Da geht es um weit mehr als um die beste CSR-Strategie, die nächste Umsatzmillion, die beste öffentliche Reputation. Im Gespräch mit diesen Unternehmer-Typen geht es plötzlich um Bewusstseinsbildung, sei es für die eigenen Kunden oder, globaler betrachtet, für einen gesamten Industriezweig. Da erfährt man von Botschaften, Langfristigkeit, von Welten – Arbeitswelten –, die geschaffen wurden, um sich wohlzufühlen, oder auch vom Gefühl, mit seinem Tun tatsächlich etwas zu bewegen.

Gugler

Die Brückenbauer

Jeder, der auch nur im Ansatz mit Sustainability zu tun hat, kennt Gugler. Und wer Gugler bisher nicht kannte, muss lediglich bei Nachhaltigkeitsberichten anderer Unternehmen den Nachweis über die beauftragte Druckerei suchen. Bei Gugler schließt sich der Kreis. Wobei sich umgehend die Frage aufdrängt: Druckerei und Umweltverantwortung – geht das? Zählt doch die Printproduktion zu jenen Bereichen mit hohem Energie- und Rohstoffverbrauch. Im Falle von Gugler „geht es", weit mehr noch: Als Pionier oder schlichtweg „Mutmacher" einer gesamten Branche übernimmt Gugler die Verantwortung und hofft auf Nachahmer.

Doch Gugler ist nicht nur für die Druckbranche Pionier, er baut „Brücken" – Brücken, über die sowohl unternehmensintern als auch extern gegangen wird. Ersteres kommt aus dem Selbstverständnis des Kommunikationsdienstleisters, der in den Bereichen Werbung, Neue Medien und Druck systematisch Innovationen entwickelt und realisiert. Extern bleibt er auch in Zeiten der Krise seinen Grundsätzen treu und arbeitet an einer Erweiterung der Strategie um den Begriff des „Gemeinwohlnutzens".

Herzlichen Dank für das hervorragende Mittagessen, Herr Gugler. Die Polenta-Nockerln und auch das vegetarische Chili waren sensationell!

Ernst Gugler (Gründer und geschäftsführender Gesellschafter): Das freut mich. Unsere Bioküche, die nun seit zehn Jahren besteht, ist etwas ganz Besonderes. Wir haben dafür eine eigene Köchin angestellt, um biologisch wertvoll kochen zu können. Sie bekocht uns hauptsächlich vegetarisch, einmal pro Woche gibt es Fleisch. Abgesehen davon, dass die vegetarische Küche eine äußerst gesunde ist, kommt diese Ausrichtung aus dem Bewusstsein heraus, dass bei der Ernährung mittels Fleisch mindestens 10-mal mehr an Fläche verbraucht wird. Wir wollen auch hier einen wertvollen Beitrag leisten.

Womit wir schon mitten im Thema sind. Wo liegt Ihr ganzheitliches nachhaltiges Denken begründet?

Gugler: Die ersten Aktivitäten kamen aus dem ökologischen Bereich. Die Triebfeder für unser Engagement liegt sicher in meiner Vergangenheit. Ich hatte früher mit Freunden einen WWF-Stützpunkt. Schon lange vor der Selbstständigkeit war ich in Hainburg oder Zwentendorf aktiv als Umweltschützer tätig. Aus dem heraus sind das Bewusstsein und die Einstellung zur Umwelt gewachsen – Natur mit ins Unternehmen zu nehmen. Deshalb haben wir schon relativ früh mit ganz kleinen Maßnahmen begonnen, etwa die Umstellung auf Pflanzenölfarben oder die forcierte Verwendung von Recyclingpapier. Danach ging es Schlag auf Schlag: 2000 haben wir dieses Gebäude errichtet *(Anmerkung: Gemeint ist der Firmenhauptsitz in Melk, Niederösterreich)*. Das beginnt mit dem Gebäude selbst: ein konstruktiver Holzbau mit

Lehmwänden – zwei überaus ökologische Baustoffe. Lehm ist ein besonders guter Wärme- und Kühlespeicher und nimmt relativ schnell die Feuchtigkeit aus der Luft, ist also ein richtiger Raumregulator.

»Die Triebfeder für unser Engagement liegt sicher in meiner Vergangenheit.«

Daher kommt das wohlige Gefühl bereits beim ersten Schritt ins Gebäude. Sie haben also bereits beim Bau an sich ökologisch agiert?
Gugler: Ja. Wir verwenden Ökostrom, temperieren mit Grundwasser und einem Energiebrunnen, haben einen Zwei-Wasser-Kreislauf, das heißt, Toilettenwasser wird über das Grundbrunnenwasser bezogen. Wir haben begrünte Dächer, mit der Abwärme der Druckmaschine heizen wir, wir haben Lärchenfenster, die nur geölt sind, der Boden ist ebenfalls nur geölt und gewachst.

Zurück zu Ihrem Kerngeschäft. Wie nachhaltig kann man als Druckerei agieren?
Gugler: 2003 wurden wir als erstes österreichisches Unternehmen mit dem Österreichischen Umweltzeichen ausgezeichnet und auch nach FSC (Forest Stewardship Council) zertifiziert. Dabei geht es um Papier, dessen Zellstoff aus nachhaltig bewirtschafteten Wäldern stammt, also um nachhaltige Forstwirtschaft.

2006 folgte das „klimaneutrale Drucken". Das bedeutet, wir kompensieren Emissionen, die bei der Papierproduktion und unserer Druckproduktion anfallen – das Verhältnis liegt bei 90 zu 10, das heißt, 90 Prozent der ausgeglichenen CO_2-Emissionen fallen bei der Papierproduktion an. Wir kompensieren mit dem höchsten Standard an Emissionszertifikaten, das ist der Gold-Standard, dementsprechend mehr kosten auch die Zertifikate *(Anmerkung: Solche Zertifikate kosten das Doppelte bis Dreifache von jenen, die an der Börse gehandelt werden)*. Damit sind wir für die Branche der Brückenbauer, der Mutmacher, der Pionier. Ich glaube, hiermit haben wir in die Druckbranche wirklich Bewegung gebracht.

»Wir kompensieren mit dem höchsten Standard an Emissionszertifikaten.«

Eine Branche, die nicht unbedingt den Ruf hat, nachhaltig zu agieren …

GUGLER: Genau, und ich glaube, dass unsere Branche eine große Verantwortung hat. Mit unseren Maßnahmen zeigen wir, dass es funktioniert. Es gibt mittlerweile auch andere, die über diese Brücken gehen.

Kundenseitig oder Mitstreiter aus der Druckbranche?

GUGLER: Auf Kundenseite ist das Bewusstsein schon sehr stark ausgeprägt. Das erhöht natürlich den Druck auf die anderen in unserer Branche. Druckereien merken zunehmend, dass sie den einen oder anderen Auftrag verlieren, weil Kunden sagen, wir gehen zu Gugler, weil sie die Vorbildlichsten im Bereich Nachhaltigkeit sind.

Wobei sich hier die Frage nach den Kosten aufdrängt. Das sind alles Maßnahmen, die doch einiges mehr kosten …
GUGLER: Ich glaube, dass sich die Mehrkosten in anderen Bereichen wieder reinholen lassen. Beispielsweise spielen motivierte Mitarbeiter den zusätzlichen Aufwand locker wieder rein. Denn die Kunden spüren das. Wir sind natürlich noch immer auf dem Weg – das ist alles ein Prozess und kein Projekt –, wir spüren ja selbst, dass unsere Mitarbeiter den Sinn dahinter verstehen. Das tut einfach gut. Unsere Mitarbeiter haben das Gefühl, in einem Unternehmen zu arbeiten, das tatsächlich zum Wohle der Menschen und der Erde wirkt. Diese Wirkung lässt sich nicht in einer Bilanz darstellen.

»Die Dienstleistungs- und Produktqualität muss einfach extrem gut passen.«

Keine Frage, dennoch: Wie kann sich ein Unternehmen das leisten?
GUGLER: Natürlich kostet auch unsere Bioküche mehr. Aber wenn ich mir vorstelle, dass unsere Mitarbeiter einfach gesund sind, weil sie sich jeden Tag hochwertig ernähren können und nicht von Fast Food leben, bin ich mir sicher, dass solch eine Maßnahme wirkt. Da gibt es eine Umwegrentabilität. In Zahlen können wir das nicht nachweisen. Die Dienstleistungs- und Produktqualität muss einfach extrem gut passen, dann funktioniert es. Abgesehen davon ist der Mehraufwand auch nicht so

groß. Nehmen wir Ökostrom als Beispiel: Früher hat Ökostrom wahrscheinlich um zehn Prozent mehr gekostet, umgelegt auf ein gesamtes Budget eines Unternehmens sind das weniger als ein Prozent an Mehrkosten. Natürlich hat auch dieses Gebäude um rund fünf bis zehn Prozent mehr gekostet. Aufgrund der geringen Energiekosten rentiert es sich wieder, wenn wir es auf 30 Jahre umlegen. Es geht auch um das Wohlbefinden. Das Klima in diesem Haus ist großartig – und diese Energie wirkt. Das lässt sich nirgendwo ausrechnen und darstellen, weil es Dinge gibt, die nicht messbar, aber wirksam sind.

Ist deshalb die Scheu vieler davor so groß? Was sind die Ängste der Kollegen, die da nicht nachziehen …?
GUGLER: Wenn man nicht grundsätzlich dahintersteht, sondern es lediglich als Verkaufsstrategie durchführt, bleibt die beständige Angst, dass es die Kunden gar nicht anfragen. Darauf beschränkt es sich eigentlich. Für uns ist das keine Frage, wir haben zum Beispiel auch privat in diesem Sinne gebaut.

»Es gibt Dinge, die nicht messbar sind, die aber wirken.«

Kommen wir zurück zu den Mitarbeitern, deren Wohlbefinden Ihnen ein großes Anliegen ist. Wie schaffen Sie das?
GUGLER: Bei uns ist extrem viel aus dem Bauch heraus entstanden. Ich habe es weder studiert noch gelernt.

Generell bin ich überzeugt, dass Familienbetriebe ein anderes Selbstverständnis haben, was den Umgang mit ihren Mitarbeitern anbelangt. Wir haben seit rund 15 Jahren den sogenannten Gugler-Dialog, bei dem wir alle unsere Bilanzzahlen offenlegen. Mir persönlich ist es wichtig, dass unsere Mitarbeiter informiert sind. Sie sollen wissen, wie es uns finanziell geht oder was unsere Ziele sind. Wir haben auch schon Mitarbeiterbeteiligungen und Gewinnausschüttungen gehabt. Letztes Jahr nicht, da hatten wir das zweite Mal in der 20-jährigen Unternehmensgeschichte einen Verlust. Wir forcieren jedenfalls einen wertschätzenden Umgang.

Der in Zeiten der Krise sicher nicht einfach ist …
GUGLER: Das stimmt, dennoch wollen wir gerade in einer wirtschaftlich schwierigen Phase unseren Mitarbeitern ein Gefühl von Vertrauen und Sicherheit geben. Abgesehen von Arbeitsplatzsicherheit liegt einer unserer Schwerpunkte im Bereich Aus- und Weiterbildung, vor allem in der Persönlichkeits- und Bewusstseinsbildung. Das sind wichtige Maßnahmen, die auch mich selbst weitergebracht haben.

»Wir forcieren einen wertschätzenden Umgang mit unseren Mitarbeitern.«

Inwiefern?
GUGLER: Gerade in einer schwierigen wirtschaftlichen Phase habe ich unbewusst meine Spannungen teilweise

auf die Mitarbeiter übertragen. Mit Yoga und regelmäßiger Meditation sowie Achtsamkeitspraxis habe ich zu neuer Stärke gefunden. Die Entwicklung des Unternehmens hängt schließlich auch von meiner eigenen Entwicklung ab, das wurde mir in den vergangenen Jahren immer mehr bewusst. Nur durch innere Entwicklung entwickelt sich das Äußere.

Und hier schließt sich der Kreis, oder öffnet er sich zu Neuem? Was können wir von Gugler im Bereich der Nachhaltigkeit noch erwarten?
GUGLER: Wir haben begonnen, nach dem Sinn und den Zielen von Gugler zu suchen. Wir haben eine Unternehmensgröße erreicht, in der Richtlinien und langfristige Umsetzungsstrategien erforderlich sind. In einem Strategieworkshop haben wir gemeinsam mit unseren Führungskräften eine neue Vision erarbeitet. Im Fokus steht dabei der Gemeinwohlnutzen.

Der was bedeutet?
GUGLER: Gemeinwohl schließt vieles mit ein, was über die wirtschaftlichen Interessen hinausgeht. Es geht hier unter anderem um Kooperation, Transparenz, soziale Verantwortung, ökologische Nachhaltigkeit und auch demokratische Mitbestimmung oder Solidarität gegenüber unseren Berührungsgruppen wie Kunden und Mitarbeitern. Auf dieser Basis haben wir eine Strategie entwickelt, die alle Umwelt-, Nachhaltigkeits- und Gemeinwohlaspekte umfasst.

»Im Fokus unserer Zukunftsvision steht der Gemeinwohlnutzen.«

Was ist die Vision dabei?
GUGLER: Entstanden ist eine neue Unternehmensvision. Sie lautet: „Wir sind ein Vorzeigeunternehmen für verantwortungsvolle Kommunikation und für achtsames Wirtschaften zum Wohle der Menschen und der Erde.“ Unterstützend dazu haben wir uns für die wichtigsten Bereiche Orientierungsziele gesetzt, die uns helfen sollen, der Vision Stück für Stück näher zu kommen.

Können Sie uns ein Beispiel nennen?
GUGLER: Mit unserem Umweltmanagement-System haben wir unsere Grundsätze im Bereich Umwelt definiert. Das System umfasst klare Richtlinien für alle relevanten Teilbereiche, angefangen von der Produktion über das Abfallwirtschaftssystem bis hin zur nachhaltigen Raumnutzung und Legal Compliance. Das war der Beginn eines sehr spannenden Prozesses, der als „work in progress“ zu verstehen ist.

(as)

Loytec

Partnerschaften auf Augenhöhe

Mitten im Thema sind wir bei unserem Gespräch mit Loytec, dem Spezialisten für Gebäudeautomation. Die Zulieferindustrie des Baugewerbes hatte in den letzten beiden Jahren mit äußerst schwierigen Marktbedingungen und einem harten Wettbewerb zu kämpfen. „Vor allem die Hochbau-Industrie hat in den letzten zwei Jahren, aber auch schon in den Jahren zuvor gelitten", erklärt Firmengründer Hans-Jörg Schweinzer die Situation. „Beobachtet man weiters, was in Europa und den USA passiert, wird die Misere umso deutlicher. Es reden alle über Energieeffizienz und energieeffiziente Gebäude, aber in der Krisenzeit haben viele – auch in Österreich – sehr stark in die Infrastruktur des Tiefbaus investiert *(Anmerkung: Gemeint sind Straßen, Schienen, neue Kanäle)*. Das sind alles Investitionen, die ohnehin irgendwann mal angestanden sind, nun wurden sie vorgezogen, weil es entsprechende Förderpakete der Staaten gegeben hat, um dem absoluten Einbruch am Markt entgegenzuwirken, ist doch die Bauindustrie einer der größten Arbeitgeber in Zentraleuropa." Anders in Nordamerika: Hier gab es auch Förderungen für Gebäuderenovierungen, das hat so manche andere Bereiche gerettet. „Beobachtet man heute den US-amerikanischen Markt, erkennt man, dass zum Großteil Government-Jobs, also jene, bei denen öffentliche Gelder dahinterstecken, am Markt sind. Alles, was aus dem Commercial-

Bereich kommt, entwickelt sich hingegen sehr langsam. Das hat allerdings die Gebäudeautomation viel weniger hart getroffen als beispielsweise die Schwerindustrie."

Entwicklung Bausektor

Der Umsatz der heimischen Bauwirtschaft ging von 16,1 Mrd. Euro im Jahr 2008 auf 15,5 Mrd. Euro im Jahr 2009 zurück. Das ist noch mehr als 2007, als der Umsatz 14,4 Mrd. Euro ausmachte. Im Jahr 2009 konnte die Baubranche noch die Aufträge aus dem guten Jahr 2008 abarbeiten. Dennoch musste der Hochbau ein Minus von 1,0%, der Tiefbau insgesamt sogar –10,5% hinnehmen (Brücken- und Hochstraßenbau –38,7%, Tunnelbau –29,8%, Wasserbau –11,4%).

Ein positives Gegengewicht war nur der Bau von Bahnverkehrsstrecken (+26,0%). Während viele Wirtschaftszweige nun einen geringen Aufwärtstrend verzeichnen können, verharrt der Auftragssaldo im Bausektor mit minus 20,6 Prozentpunkten im tiefroten Bereich, auch wenn er im Jahr zuvor mit minus 44,6 Prozentpunkten deutlich schlechter ausfiel. Aufgrund der Konjunkturflaute stagniert auch der Industriebau. Erst ab 2011 lässt sich für die Branche eine Erholung abschätzen – sofern die Nachfrage von Industrie, Gewerbe und Privaten anspringt, trotz weiterer Zurückhaltung der öffentlichen Auftraggeber.

Quelle: Vereinigung der Österreichischen Zementindustrie

Uns interessiert, wie nun ein ökonomisch erfolgreiches Agieren unter diesen schwierigen Rahmenbedingungen möglich wird, ausgehend von der These, dass nachhaltiges Wirtschaften immer auch ein Mehr an Aufwand bedeutet.

„Da sollten wir uns vielleicht zuerst über Märkte unterhalten. Einer der wesentlichen Grundzüge in unserem Markt der Automatisierungstechnik ist es, zu verstehen, dass wir mit Menschen Geschäfte machen. Mit Menschen, die selbst Gebäude betreiben oder Gebäudebesitzer sind und mit unseren Produkten etwa 20 Jahre leben müssen. Das bedeutet, dass der Kunde mit dem Lieferanten eine gewisse Beziehung eingeht, ob bewusst oder unbewusst." Fakt ist jedenfalls, dass es mehr als unbefriedigend ist, wenn das Gerät nicht funktioniert. „Denn wenn ich das Teil im Bürogebäude an der Wand habe und es nicht funktioniert, muss ich es entfernen und ich habe ein Loch in der Wand. Aber es passt nur dieses Gerät in das Loch in der Wand. Das heißt, Nachhaltigkeit beginnt schon damit, dass, wenn ich heute einem Kunden Systembestandteile liefere, ich ihn glauben mache, dass es mich in 15 Jahren auch noch gibt. Er schenkt mir Vertrauen." Ein Aspekt des Nachhaltigkeitsgedankens ist auch jener, gegenüber dem Kunden präsent und ihm ein fairer Partner zu sein. „Viele unserer Kunden kommen wieder. Das bedeutet für mich Nachhaltigkeit im Bereich Kundenbindung."

Auch regelmäßige Ausbildung und Trainings mit und für die Kunden ist bei Loytec State of the Art. „Es geht also um einen partnerschaftlichen Umgang mit den Kunden. Dazu haben wir zum Beispiel eine B2B-Kundenveranstaltung ins Leben gerufen. Dies ist ein sehr exklusiver Kundenevent, zu dem wir sehr gezielt Kunden einladen und ihnen in diesem Rahmen eine Produktpräsentation und gleichzeitig Schulung bieten. Das ist unser sogenanntes Competence Partner Programm. Wir wollen mit unseren Kunden eine Partnerschaft auf Augenhöhe eingehen. Kunden werden hier geschult und sind auch eingeladen, ihre Kritikpunkte zu sagen." Gemeinsam wird schließlich erarbeitet, wie die Kunden die Produkte von Loytec vermarkten können. Dies ist ein Prozess, der allen helfen soll, sich nach vorne zu bewegen. Denn: „Ich muss unsere Kunden in die Situation bringen, dass sie Geld mit unseren Produkten verdienen. Das ist der Tenor des Ganzen, dies schafft eine faire und partnerschaftliche Basis. Viele Firmen tun sich mit dieser Herangehensweise schwer."

»Wir wollen mit unseren Kunden eine Partnerschaft auf Augenhöhe eingehen.«

Gerade beim Thema fairer Umgang mit Kunden ist bei Loytec aktuell besonderes Fingerspitzengefühl gefragt, wurde doch jüngst eine neue Produktlinie gelauncht, mit der Loytec teilweise in den Mitbewerb zu seinen Kunden tritt. „Wir haben in den letzten Jahren vor allem Netzwerkinfrastrukturprodukte – aktive Netzwerktechnik für moderne Automationssysteme – entwickelt, produziert und vertrieben. Mit diesen haben wir unseren Mitbewerb auch in vielen Bereichen überholt. Hier haben wir sehr viel Know-how, und dieses haben wir in neuartigen Controller-Produkten voll und ganz eingebracht. Damit sind wir plötzlich Produkt-Systemanbieter. Unser Marktauftritt ändert sich damit nachhaltig.

Eine Maßnahme, die – aus rein unternehmerischer Sicht – klar nachvollziehbar ist: „Aufgrund unseres heutigen Geschäftsaufbaus hatten wir kurzfristig kaum eine Möglichkeit, aktiven Einfluss auf unser Geschäft zu nehmen. Stand heute machen wir einen guten Teil unseres Umsatzes mit großen Kunden bzw. mit deren Niederlassungen weltweit. Sollten diese sich eines Tages entscheiden, ihr System zu wechseln, in dem unsere Produkte ein wesentlicher Bestandteil sind, so haben wir kaum eine Chance, gegenzusteuern. In diesem Fall sind wir wohl am ehesten mit der Automobilbranche vergleichbar. Wir wollen aber selbst in den Fahrersitz."

»Nachhaltigkeit bedeutet auch, Kunden nicht mit Neuheiten in den Rücken zu fallen, sondern es offen zu kommunizieren.«

Aus diesen ökonomischen Überlegungen heraus wurde bereits vor einigen Jahren mit der Entwicklung neuer Lösungen begonnen. „Wir mussten als Unternehmen einfach aus dieser Abhängigkeit heraus, wobei man dazusagen muss, dass wir die Abhängigkeit nicht negativ erlebt haben, unser Geschäft steht auf guten Beinen.

Dennoch: Es ist nicht gut, sein Geschäft nicht selber steuern zu können."

Und wie wurde das „Outing" seitens der Kunden aufgefasst? „Manchen unserer Kunden hat es kurzfristig nicht gefallen, es gab vielerorts Irritationen und Missverständnisse. Auch hier zeigt sich, dass ein offener und ehrlicher Umgang mit den Kunden sehr schnell hilft, das Bild wieder zurechtzurücken. Und recht bald holt alle das Tagesgeschäft wieder ein, und wir versuchen natürlich, unsere Kunden bestmöglich zu bedienen."

Gerade die offene Kommunikation in der Kundenbeziehung dürfte auch bei diesem Schritt die partnerschaftliche Basis nicht gefährdet haben: „Nachhaltigkeit bedeutet auch, dass ich unseren Kunden nicht mit Neuheiten in den Rücken falle, sondern offen kommuniziere."

»Energie ist Leuten egal, wir helfen ihnen, Geld zu sparen. Das ist der Treiber hinter dem Markterfolg.«

„Nachhaltigkeit in unserem Bereich lässt sich auch über die Anwendung definieren. Genauer gesagt bedeutet das, Nachhaltigkeit ist ein Thema, worüber wir unser Produkt verkaufen, denn durch unsere Produkte können Leute Energie einsparen." Loytec hilft also Kunden, Energie zu sparen und Menschen zum energieeffizienten Umgang mit Energie zu bringen. Anders gesagt: „Energie ist den Kaufleuten oft egal, wir helfen ihnen Geld zu sparen, das ist der Treiber hinter dem Markterfolg." Sagt's und spricht dabei auch gleich ein Reizwort in der Gebäudeautomation an: die Raumautomation, das heißt, Räume können beispielsweise das Licht von sich aus steuern. Nur aufgrund dieser Konzepte lassen sich rund 60 Prozent Energie – und damit Geld – einsparen.

Spätestens bei dem Punkt „Nachhaltigkeit und Mitarbeiter“ sind wir von der Arbeits-, aber auch von der Denkweise des Gebäudespezialisten überzeugt. Das 1999 gegründete Unternehmen wird von den zwei Gründern Dietmar Loy und Hans-Jörg Schweinzer operativ geleitet und beschäftigt weltweit insgesamt 40 Mitarbeiter. „In den elf Jahren unseres Bestehens haben wir nur zwei Mitarbeiter verloren“, berichtet Schweinzer nicht ohne berechtigten Stolz.

»Unsere Mitarbeiter haben das Gefühl, es bewegt sich etwas, und sie sind aktiv am Entwicklungsprozess beteiligt.«

Im Stammhaus im 17. Wiener Gemeindebezirk wurden unter anderem ein Fitness-Center und ein Spielraum eingerichtet. Außerdem gibt es flexible Arbeitszeiten. „Das Geld allein ist es nicht, warum unsere Mitarbeiter bei uns bleiben“, so Firmengründer Hans-Jörg Schweinzer. Ein Teil der Mitarbeiterbindung besteht sicherlich darin, dass die Mitarbeiter das Gefühl haben, aktiv am Entwicklungsprozess beteiligt zu sein. „Bei uns wird Forschung und Entwicklung betrieben. Unsere Mitarbeiter haben das Gefühl, es bewegt sich etwas und sie sind integriert. Wenn ein Mitarbeiter etwas für seine Arbeit braucht, bekommt er es, und zwar schnell. Unsere Mitarbeiter bekommen außerdem Prämien ausbezahlt. Gehaltsanpassungen werden bei uns automatisch gemacht, Gehaltsgespräche haben wir schon seit Jahren nicht mehr geführt. Wenn etwas lebt und pulsiert, darf man das als Motivation für Mitarbeiter nicht unterschätzen. Und: Alle bekommen tagtäglich mit, was passiert. Entscheidungen werden im Fluss getroffen, es gibt bei uns kein Reporting-Unwesen."

»Wenn man es schafft, die Neidgesellschaft draußen zu lassen, kann es für ein Unternehmen nur gut sein.«

Nachhaltigkeit wird also auch seitens der Unternehmensführung gelebt. „Wir haben im Blut, dass wir so sind." Das Chefbüro unterscheidet sich nicht von anderen, genauso wenig die PCs oder Handys. „Wenn man es schafft, die Neidgesellschaft draußen zu lassen, kann es nur gut sein." Und: „In meiner Position bin ich mir bewusst, dass es ohne Mitarbeiter nicht geht. Soziale Überlegungen sollte man auch im Zusammenleben mit Mitarbeitern nicht vergessen. Bis zu einem gewissen Grad muss man verstehen, dass Mitarbeiter nur über eine gewisse Anzahl an Stunden verfügen, die sie in die Firma investieren." Und wie funktioniert nun das harmonische Miteinander? „Ohne diskriminierend sein zu wollen: Es hilft uns auch, dass unser Frauenanteil sehr gering ist. Und wir haben eine sehr flache Hierarchie, es gibt uns zwei Geschäftsführer und dann schon die Mitarbeiter. Wir sind in dieser Hinsicht gerade an einer Schwelle angekommen und müssen nun sehr sensibel vorgehen."

Sozialem Sponsoring durch das Unternehmen steht der Firmengründer kritisch gegenüber: „Wenn lokale Schulen etwas brauchen, dann sponsern wir gerne. Soziales Engagement ist wichtig, doch sollte es jeder für sich selbst machen. Wenn die Firma ein Sponsoring übernimmt, haben Mitarbeiter das Gefühl, dass sie schon etwas Gutes getan haben. Ich halte es für sinnvoller, dass jeder Einzelne etwas machen sollte."

(as)

Göttin des Glücks

Wenn der Zufall entscheidet

Ein Leitsatz, der auch gleich im nächsten Unternehmen allgegenwärtig ist, dem Modelabel „Göttin des Glücks". Hier spricht man von dem **„Gefühl, auch tatsächlich etwas bewirkt zu haben"** und **„dass man wirklich etwas bewegen kann"**. Das tun sie. Wenn auch immer mit Selbstzweifeln – bezogen auf ein unternehmerisches Fortbestehen – belegt, kann die Göttin des Glücks mittlerweile auf eine fünfjährige erfolgreiche Firmengeschichte zurückblicken. Gemeint ist damit der wirtschaftliche Erfolg, gemeint ist damit aber auch der Mut zum Durchhalten und seinen Prinzipien trotz schwieriger Bedingungen treu zu bleiben, gemeint ist einfach die andere Zugangsweise dazu, was persönlich glücklich macht und was nicht.

Der „Haufen von vier Leuten", jeder davon Betreiber eines eigenen Designlabels, der sich 2005 auf einer Modemesse in Stuttgart kennen und schätzen gelernt hat, dieser „Haufen" hat 2005 spaßeshalber angefangen, eine gemeinsame Wohlfühl-Kollektion zu entwerfen. „Wir haben Mode entworfen, die bequem, aber auch modern ist, die man sowohl abends als auch in der Freizeit tragen kann – nett bedruckt mit Wohlfühlbotschaften", erklärt unsere Gesprächspartnerin Lisa Muhr, zuständig für Marketing/PR/Design. Muhr und jeder ihrer drei Partner Dessislava Stoytcheva (Konfektion/Produktion/Design), Monika Bledl (Grafik/Design) und

Igor Sapic (Vertrieb/Design) nahmen damals 50 Euro in die Hand. Damit kaufte man Stoffe, die dann selbst genäht und bedruckt wurden. Bei den Kunden kam das Produkt, also „die Mode mit dem Wohlfühl-Charakter", unter dem Motto „Danke, mir geht's gut", von Beginn an gut an. „Der Firmenname kam dann auch recht schnell und eigentlich durch Zufall." Und dieser Zufall begleitet die Göttin des Glücks bereits ihr junges Existenzleben lang. „Der Name Göttin des Glücks hat uns aus einer Zeitschrift, in der viele Götter aus sämtlichen Mythologien beschrieben waren, angelacht – die Göttin hat regelrecht rausgeleuchtet." *(Anmerkung: Die Göttin des Glücks heißt im Hinduismus „Lakshmi", sie ist die Göttin der Schönheit, Spenderin von Reichtum und von geistigem Wohlbefinden, von Harmonie, von Fülle und Überfluss, dazu gehören moralische und ethische Werte, die nobleren Aspekte des Lebens, mentale Kraft und intellektuelle Stärke. Sie ist die Shakti, die erhaltende Kraft des Vishnu und dessen Gemahlin.)*

Und die Nachfrage war groß: So wurde weitergenäht und -gefertigt, im Herbst 2005 waren es schon rund 300 Kleidungsstücke. „Es hat uns allen wirklich Spaß gemacht, also war die Entscheidung weiterzumachen schnell getroffen." Doch konnte diese Stückzahl kaum noch selbst gefertigt werden. Also wurden über die Außenhandelsstellen der Wirtschaftskammer erste Erkundigungen über Stofflieferanten und Produzenten eingeholt. „In Portugal sind wir auf Jersey-Stoffe gestoßen, und wir haben einen Produzenten in der Slowakei gefunden, der für einige Labels in Wien näht. Die Arbeit mit ihm war angenehm und praktisch zugleich. Somit hatten wir Stoffe aus Portugal und auch die Produktion ausgelagert.

Die nächste Herausforderung war, unsere internen Strukturen zu verbessern. Wir waren nun bei einer Unternehmensgröße angelangt, bei der dieser Schritt nötig war, um profitabler agieren zu können. Jeder hat sich für einen Bereich zuständig erklärt."

Im Sommer 2006 war man erneut an einem Wendepunkt angelangt. Die Arbeit brachte immer mehr Erfolg, machte aber immer weniger Spaß. Damit stand die Frage im Raum, ob es weitergehen soll oder nicht. „Wir waren an einem kritischen Punkt angelangt." Und genau zu diesem Zeitpunkt hatte mal wieder die Göttin des Glücks ihre Finger im Spiel. Durch Zufall legte eine gute Freundin den entscheidenden Funken, nämlich die Idee einer Produktionsweise nach Fair-Trade-Kriterien. „Genau das war das Missing Link. Das ist genau jene Kombination – nicht nur für uns, obwohl es genau unseren Wertevorstellungen entspricht –, sondern weil es um die faire Produktion geht. Noch dazu wo ich selbst immer an dem, was ich hier in Wien tue, gezweifelt habe."

Auch die Geschäftspartner waren von der Idee sofort begeistert, und plötzlich gab es keine Zweifel mehr, weiterzumachen, „denn jetzt war auch die Linie da. Wir waren wieder auf dem richtigen Kurs."

Entwicklung Fair Trade

Der Verein FAIRTRADE Österreich liefert zur Entwicklung von FAIRTRADE-besiegelten Produkten die Fakten: Die geschätzten Umsatzerlöse im Handel in Österreich sind in den ersten sechs Monaten 2010 auf 40,5 Mio. Euro gestiegen und liegen damit um 12 % über dem Niveau des Vorjahres. FAIRTRADE Österreich zählt damit im internationalen Vergleich zu den dynamischsten Märkten. Die positive Ergebnisentwicklung wurde im ersten Halbjahr dank des FAIRTRADE-Kaffees, der -Blumen, und des -Fruchtsaftes erzielt. 2010 wird ein Ergebnis von über 80 Mio. Euro erwartet, etwa 11 % über jenem des Vorjahres.

Quelle: FAIRTRADE Österreich

„Wir sind dann an Fair Trade Österreich herangetreten und haben erklärt, was wir gerne machen würden, und wurden an die EZA Fairer Handel in Salzburg *(Anmerkung: Die EZA ist die größte Importgesellschaft von Fair-Trade-Produkten in Österreich und verfügt über 35 Jahre Erfahrung im fairen Handel)* weitergeleitet." Somit waren die Weichen gestellt: Nach einer kurzen Annäherungsphase wurde eine dauerhafte Kooperationspartnerschaft zwischen EZA und GDG beschlossen, und Anfang 2007 konnte die erste Fair-Trade-Kollektion der GDG auf den Markt gebracht werden. „Wir konnten und können durch unsere Zusammenarbeit mit der EZA auf eine lückenlos transparente Kette zugreifen, die den Fair-Trade-Kriterien für Baumwollprodukte entspricht und auf einer intensiven und direkten Partnerschaft der EZA mit dem Konfektionsbetrieb Craft Aid auf Mauritius beruht."

Seit 2010 ist die Linie zusätzlich nach GOTS zertifiziert. GOTS steht für Global Organic Textile Standard und damit für die Berücksichtigung ökologischer Kriterien entlang der gesamten Kette. „Mit all dem decken wir hohe Qualitätsansprüche sowohl im sozialen als auch im ökologischen Bereich der Produktion ab. Ein Glücksfall für uns, denn wir wachsen zunehmend und wir kommen in Dimensionen, die wir uns alle so nicht gedacht hatten. Hätten wir uns die ganze Kette selbst aufbauen müssen, hätte der Aufbau weitaus länger gedauert." Ein Vorteil, der Jahre des Vorsprungs gegenüber dem Mitbewerb brachte.

»Die in der Kleidung eingenähten FAIRTRADE- und GOTS-Zertifikate geben der Marke die Glaubwürdigkeit und stellen neben dem Design den Hauptaspekt für die Kaufentscheidung dar, weil sie den Kunden die Sicherheit einer sozial und ökologisch sauberen Produktion geben.«

Fair Trade kann also weit mehr sein als die sozial faire Produktion von – in diesem Fall – Textilien. Fair Trade kann sowohl als unternehmerische Motivation als auch als ökonomischer Erfolgsfaktor gesehen werden. So konnte beispielsweise bei einer Stammkundenbefragung ermittelt werden, dass der Fair-Trade-Aspekt der wichtigste für eine Kaufmotivation ist, noch vor dem Design.

„Für uns ist es der einzig richtige Weg. Einer, mit dem wir in unserem Beruf leben können. Sprich, wir wissen, wir können etwas bewirken, und das geben wir unseren Kunden auch weiter. Die tragen den Gedanken auch selber weiter." Eine Erfahrung, die die Jungunternehmerin auch weitergeben möchte. Denn „wenn man den Ansatz in jedem Bereich lebt, wenn man es ernst nimmt, spüren das die Kunden und stehen zum Unternehmen." Auch in Krisenzeiten. „Es entstehen dadurch auch weitere Ideen. Wir sind ja nicht nur ein Modelabel. Wir vier kommen ja aus verschiedensten Richtungen und es werden noch viele Produktgruppen folgen. Als Gedankenkonzept könnte ich mir ein Produkt vorstellen, wo auch mal Architektur stattfindet. Es ist alles offen."

Und dann ist da auch immer der Zufall, der mitspielt. „Man kann bei uns nicht alles planen. Es passiert immer etwas anderes, und dadurch bleibt es spannend, wie bei einer Amöbe, die sich durch ihr Leben lebt und alles Mögliche an sich heranlässt oder auch nicht."

Stellt sich die Frage, wie sich das wirtschaftlich gesehen finanzieren lässt. Es klingt nach viel Mehraufwand, und warum tun es dann nicht alle?

LISA MUHR: Weil die Spanne eine geringere ist.

Über welche Spannen reden wir?
MUHR: Wenn ich als Firma Fair Trade verkaufe, muss ich ganz anders kalkulieren und vor allem am Anfang sehr geduldig sein, bis ich in die Gewinnzone komme, weil es viel langsamer geht, weil eben die Spannen viel geringer sind. Wenn ich – wie einige große Unternehmen – einen Endverkaufspreis von einigen Euro habe und trotzdem Millionen für Werbung ausgebe, dann muss der Produzent draufzahlen, das geht gar nicht anders: Da geht es um das Keilen von Cent in jedem einzelnen Zwischenschritt. Na klar sind die Produktionskosten dann verschwindend gering, aber die Ausbeutung auch enorm – sowohl menschlich als auch ökologisch.

Das lehnen wir aus persönlicher Überzeugung ab. Wir müssten im Endeffekt, um Spannen wie im herkömmlichen Textilgewerbe zu haben, viel teurer verkaufen. Das funktioniert aber beim Kunden nicht. Daher müssen wir in unseren Kalkulationen mit Fair Trade viel mehr auf Balance in der gesamten Kette schauen. Das ist das Wesen von Fair Trade, dass jeder davon leben kann. Das heißt: der Baumwollbauer, die Spinnerei, Färberei, Konfektion, wir als Marke und der Handel. Wenn wir alle gewillt sind, dafür selbst einzelne Prozente herzugeben, weil es unserer Wertvorstellung entspricht, nicht auf Kosten anderer zu leben, dann gelingt dieses Geschäftsmodell.

Wir brauchen keinen Luxus, der auf Leid von anderen basiert, und wir wirtschaften sparsam bzw. nützen alternative, günstigere Marketingtools wie zum Beispiel Social

Media, gute Medienzusammenarbeit und Mundpropaganda, das macht die geringeren Spannen für uns wett.

Entwicklung der österreichischen Textilindustrie

Das Geschäft mit Textilien, Bekleidung, Schuhen und Leder hat sich deutlich erholt. Die Umsätze der österreichischen Hersteller sind im ersten Halbjahr 2010 gegenüber der Vorjahresperiode um 8 Prozent auf rund 2 Mrd. Euro gestiegen. Der Exportanteil betrug nach wie vor 75 bis 90 Prozent. Die 562 heimischen Betriebe erwirtschafteten 2009 einen Umsatz von insgesamt 4,4 Mrd. Euro – 2,05 Mrd. Euro davon stammten aus der Textilindustrie, 1,1 Mrd. Euro aus der Bekleidungsindustrie, 0,9 Mrd. Euro aus der Lederverarbeitung und 0,33 Mrd. Euro aus der Ledererzeugung.

Die Unternehmen beschäftigten per Ende Juni 2010 24.450 Arbeitnehmer. Während die Umsätze der 182 Unternehmen in der Bekleidungsindustrie zum Halbjahr um 3,4 Prozent auf rund 550 Mio. Euro kletterten, legten jene der 340 Betriebe in der Textilindustrie um 8 Prozent zu.

Quelle: APA – auf Basis einer Pressekonferenz des Fachverbandes der Textil-, Bekleidungs-, Schuh- und Lederindustrie (TBSL) von September 2010

Es ist also eine finanzielle Gratwanderung …
Muhr: Wir sind das gewohnt, denn in dem Bereich, in dem wir agieren, weil wir relativ klein sind, war es nie

anders. Wir brauchten den Preis nicht zu erhöhen, als wir auf Fair Trade umgestiegen sind. Unsere Verkaufspreise waren immer schon Designpreise – also nicht billig (dennoch im guten Mittelfeld im Vergleich zum Mitbewerb), weil eben auch die Produktionen in so einem eher kleinen Rahmen teuer sind. Als wir dann von der herkömmlichen Produktion in der Slowakei (um die 1.000 Stück pro Saison) auf Fair Trade umgestiegen sind, haben wir zu unserem Erstaunen festgestellt, dass die Produktionskosten dafür nicht höher waren. Also mussten wir auch unsere Endverkaufspreise nicht erhöhen. Was mich unter anderem bei den Big Playern ärgert, ist, wenn sie mit Bio-Baumwolle und Tiefstpreisen groß Werbung machen. Denn Bio-Baumwolle steht am Anfang der ganzen Kette. Man kann leicht Bio-Baumwolle verwenden, und dann werden die Produkte doch von Kindern hergestellt. Wenn diese großen Player ihre Produktion in ihrer ganzen Konsequenz sauber durchziehen würden, dann müssten sie auch viel höhere Endpreise verlangen. Und hier wollen wir mit der Bewusstseinsbildung anfangen. Ob man fünf oder sechs billige T-Shirts von schlechter Qualität kauft oder doch lieber eins oder zwei von guter Qualität – man kommt zum gleichen Ergebnis.

Das heißt, Sie wollen nicht nur Mode verkaufen?
Muhr: Es geht uns auch darum, bewusstseinsbildend tätig zu sein. Mittlerweile sind wir in vielen Schulen zu Workshops eingeladen und machen Vorträge. Diese Botschaft zu vermitteln ist mir sehr wichtig. Wir müssen

sowohl als Unternehmer als auch als Kunden beginnen, uns damit auseinanderzusetzen. Wenn wir uns alle bewusst werden, wie viel wir kaufen, was wir nicht brauchen, und alle ein bisschen bewusster kaufen würden, dann würden alle davon profitieren. Sicherlich zum Leidwesen einiger Firmen …

Womit wir wieder bei der Krise sind …
MUHR: Diese Geldgier und dieses Streben nach mehr haben uns ja in diese Krise gebracht. Shareholder, Gewinn, Wachstum, Optimierung – ich kann das alles nicht mehr hören. Da sitzt ein Börsianer und drückt auf einen Knopf und der Bauer in Indien bringt sich deshalb um, weil die Preise so im Keller sind, dass er seine Familie nicht mehr ernähren kann. Das darf es doch alles nicht geben!

Wo müsste man Ihrer Meinung nach ansetzen?
MUHR: Man kann zumindest versuchen, auf drei Schienen etwas zu bewegen: Die eine ist jene der Konsumenten, die hoffentlich künftig bewusster einkaufen und verstärkt Fair-Trade-Produkte nachfragen. Teilweise merkt man es jetzt schon, denn warum sonst steigt ein H&M auf Bio-Baumwolle um – weil offensichtlich im Moment die Nachfrage da ist.

Dann gibt es die Schiene der Unternehmen, die sich hoffentlich von jenen etwas abschauen, die es bereits tun.

Und die dritte Schiene ist jene der Medien, für die ich auch dankbar bin, da sie das ganze Thema permanent behandeln.

Der Bereich Mode ist hier jedoch noch klar im Hintertreffen, so ist das Bewusstsein beispielsweise für Lebensmittel bereits weit mehr verbreitet als bei der Kleidung …

MUHR: Ja, weil das Thema im Lebensmittelbereich schon seit rund 30 Jahren gespielt wird und wir in der Mode erst seit ein paar Jahren richtig damit anfangen. Der Modemarkt kann als der dritte Nährboden im Bereich Bio gesehen werden. Der erste war der Bereich Lebensmittel, dann kamen die Kosmetika, und jetzt ist die Mode an der Reihe. Ich hoffe, dass das mindestens genauso gut wird. Es gibt eine Unmenge von Dingen, die in diesem Bereich noch aufgearbeitet gehören. Aber es bewegt sich bereits einiges. So wurde zum Beispiel letztes Jahr ein Schulprojekt der „Clean Clothes"-Initiative gestartet mit dem Titel „Mein Style, meine Verantwortung". In diesem Rahmen wurde viel Aufklärungsarbeit geleistet. Auch Lehrbücher und Leitfäden über die Nachhaltigkeit in der Mode wurden für den Schulunterricht herausgegeben. Hier wirkten das Österreichische Institut für Nachhaltigkeit oder die Initiative für Teaching Entrepreneurship mit, es gab Werbeplakate und Prospekte. Ganz aktuell gibt es das Projekt „Schüler gestalten Wandel" an den Schulen. Ich merke bereits in der nächsten Generation, dass diese einen anderer Zugang hat, als es unsere Generation je hatte. Das ist die Generation, die sich wieder Gedanken machen muss.

Fazit: Man kann also wirtschaftlich auch gut agieren, wenn man sich an faire Bedingungen hält?

Muhr: Wir haben die Krise natürlich auch gemerkt, aber wir haben sie gut überlebt. Wir waren nicht so fundamental davon betroffen, weil wir einen sehr hohen Anteil an Stammkunden haben, und diese Stammkunden waren in der Krise auch da. Generell kann man sich kurzfristige Vorteile holen, die aber langfristig im Endeffekt die falschen sind. Aber wenn ich mich als Unternehmen solide und glaubwürdig aufstelle, dann kann ich mich in der Wirtschaft anders profilieren, weil ich mich langfristig damit absichern kann. Nur so bleiben Kunden dem Unternehmen langfristig treu. Das ist genauso bei Mitarbeitern: Mitarbeiter sind doch das größte Kapital jeder Firma, wenn ich keine guten Mitarbeiter habe, nützt mir das ganz Chefsein nichts. Genauso verhält es sich mit Lieferanten oder anderen Partnern.

Abschließend: Von welchen Produktionszahlen sprechen wir hier?
Muhr: Wir produzieren rund 11.000 Stück pro Saison, also rund 22.000 Stück pro Jahr.

Das bedarf aber auch einer hohen Sicherheit …
Muhr: Wir haben immer alles, was wir eingenommen haben, wieder in das Unternehmen investiert. Wir selbst können eigentlich noch nicht davon leben. Aber dafür haben wir einen Aufbau gemacht, dafür produzieren wir, haben zwei Geschäfte, haben vier Mitarbeiter und haben auch keine Schulden. Wir brauchten bisher keinen Kredit oder Ähnliches. Auch das ist heuer der springende

Punkt. Es bedarf erstmals eines Business-Plans, weil wir uns breiter fächern müssen. Wir haben angefangen, in Deutschland, Frankreich und in der Schweiz zu verkaufen. Wir wollen die Marke vorerst in diesen drei Ländern etablieren, aber auch noch weiter gehen. Wir konnten bisher mit unserem kleinen Budget gut haushalten. Jetzt müssen wir uns erstmals um Finanzierungen kümmern. Wir stellen uns gerade auf, um diesen weiteren großen Schritt zu gehen, wobei wir keine anonymen Kreditgeber wollen, die nur Zinsen kassieren, sondern Partner, die uns unterstützen, weil sie an uns glauben.

Fair Trade und Bio in der Textilherstellung – der transparente Weg vom Baumwollfeld zum Kunden

Die Produktionskette der Kollektionen von „Göttin des Glücks" beginnt im zentralindischen Bundesstaat Madhya Pradesh. Dort kultivieren Kleinbauern auf ihren Baumwollfeldern die wertvolle Naturfaser. Sie haben sich für biologischen Landbau entschieden. Das erhält langfristig nicht nur die Bodenfruchtbarkeit, sondern auch die Gesundheit der Pflanzer.
Unterstützt werden sie dabei vom indischen Textilbetrieb Mahima Purespun, der den Bauernfamilien nicht nur ihre Ernte abnimmt, sondern sie auch mit Schulungsprogrammen unterstützt. Für ihren FAIRTRADE-zertifizierten Rohstoff erhalten sie einen garantierten Mindestpreis sowie eine Sozialprämie, über deren

Verwendung sie gemeinsam entscheiden. „Der garantierte Preis gibt den Bauern die Sicherheit, dass sie auch bei niedrigen Marktpreisen kostendeckend produzieren können. Steigt der Marktpreis über den Mindestpreis, erhalten sie den höheren Preis und zusätzlich die Sozialprämie. Für biologische Qualität ist die Bezahlung nochmals höher. Der Aufwand lohnt sich also", so Lisa Muhr.
Das Entkernen und Verspinnen des FAIRTRADE- und bio-zertifizierten Rohstoffs übernimmt Mahima Purespun. Hier entsteht aus der Rohbaumwolle Garn. Mit dem Schiff wird das Garn anschließend nach Mauritius transportiert, genauer zu RT Knits, einer Textilfabrik, in der die Stoffe gefertigt und gefärbt werden. RT Knits hat seine neue Produktionsanlage nach ökologischen Gesichtspunkten ausgerichtet und nützt u. a. Wind- und Sonnenenergie.
Gemäß den FAIRTRADE-Kriterien für Baumwolle verpflichten sich sowohl Mahima Purespun als auch RT Knits als Verarbeiter, auf die Einhaltung sozialer Mindeststandards zu achten. Diese orientieren sich u. a. an einigen zentralen Konventionen der Internationalen Arbeitsorganisation (ILO). Dazu zählen etwa keine Ausbeutung von Kindern, keine Zwangsarbeit, geregelte Arbeitszeiten, Recht auf Vereinigungsfreiheit, Organisationsfreiheit, Recht auf Kollektivverhandlungen etc. Die Einhaltung der Mindeststandards wird überprüft und muss von den Betrieben gegenüber der internationalen Zertifizierungsorganisation FLO (Fairtrade Labelling Organizations International) dokumentiert werden.

Das Zuschneiden, Nähen, Bedrucken und Verpacken auf Mauritius übernimmt Craft Aid, seit 2005 direkter Handelspartner der österreichischen Fair-Trade-Importorganisation EZA Fairer Handel. Der sozial engagierte Betrieb mit 215 Beschäftigten ist wie die EZA Mitglied der World Fair Trade Organisation (www.wfto.org) und bekennt sich in seiner gesamten Ausrichtung zu den Kriterien des fairen Handels. „Auch Craft Aid muss seine Arbeitsweise gegenüber FLO dokumentieren", ergänzt Lisa Muhr. „Das Engagement geht jedoch deutlich über die Einhaltung sozialer Mindeststandards hinaus." Menschenwürdige Arbeitsbedingungen und ein sicheres Arbeitsumfeld, höhere Einkommen für die Beschäftigten – die Löhne liegen etwa 40 Prozent über dem gesetzlich vorgeschriebenen Mindestlohn –, eine Gewinnbeteiligung und zahlreiche freiwillige soziale Zusatzleistungen sowie die Integration von Menschen mit Behinderungen sind bei Craft Aid gelebte Unternehmenspraxis.
Seit Ende 2009 kann der Betrieb zusätzlich mit der GOTS-Zertifizierung aufwarten. Der „Global Organic Textile Standard" zeichnet Produkte aus, die mehrheitlich aus Bio-Naturfasern bestehen und unter umweltfreundlichen Bedingungen verarbeitet wurden.
Schließlich wird die Ware mit dem Schiff nach Europa verschickt. Die Kollektionen landen beim Kooperations- und Produktionspartner EZA Fairer Handel in der Nähe von Salzburg. Dort verbleibt der für die Weltläden bestimmte Teil der Kollektionen, die von EZA direkt beliefert werden. Die zweite Vertriebsschiene ist die

direkte über die Göttin des Glücks, die ihre eigenen Läden in Wien und St. Pölten, ihren Webshop und fremdbetriebene Concept Stores und Modeboutiquen beliefert. Bevor die Kollektion endgültig in den Geschäften landet, lässt das Unternehmen zur eigenen Sicherheit die Ware im Grazer Hygienicum nochmals auf GVO *(Anmerkung: Gentechnisch veränderte Organismen)* überprüfen.

Quelle: EZA Fairer Handel

(as)

the human money company

Die Farbe Lila

Um einen realitätsnahen Eindruck der Wirtschaftstreuhandkanzlei the human money company zu vermitteln, bedarf es gleich zu Beginn eines Personenporträts. Genauer gesagt, der Beschreibung der Firmengründerin und Chefin. Hand aufs Herz: Wie stellen Sie sich einen Steuerberater oder einen Wirtschaftstreuhänder vor? Grauer Anzug oder Kostüm, in bester Sonntagsmanier ist es die schwarze Version desselben, strenger Haarschnitt, Brille, kopflastig, zahlen- und zielorientiert. Die Eigenschaft des herzhaften Lachens würde uns allen mit dieser Berufsgruppe wohl nicht wirklich als Erstes in den Sinn kommen.

Mit dieser vorgefassten Meinung, aber ehrlich bemüht, dem journalistischen Ehrenkodex der Objektivität Genüge zu tun, gehe ich zum Gesprächstermin ins Café Prückel. Die dort wartende Dame lacht mich schon von weitem an und bedankt sich gleich für mein Zuspätkommen. „So habe ich endlich ein paar Minuten des Tages Zeit, um zur Ruhe zu kommen." Moment – das soll eine Steuerberaterin sein? Nach einem Tischwechsel ins Innere des Lokals wird mir gleich mal der einzigartige Vitaminshake empfohlen, und es werden die ersten Späße mit dem Kellner gemacht. Die Dame ist – soll ich es überhaupt noch erwähnen – komplett in Lila gekleidet.

„Krisen stellen für mich eine Herausforderung dar. Ich selbst bin in Krisenzeiten besonders mutig und lebendig", erklärt Firmengründerin Christine M. Hapala gleich zu Beginn des Gesprächs. „Bei uns kommt – wenn man von einer Krise sprechen möchte – diese erst jetzt, etwas zeitverzögert an. So lief das Geschäft unserer Kunden bis Ende letzten Jahres mehr oder weniger normal, was auch uns betraf. Erst heuer merken wir, dass unsere Kunden – und da geht es vorwiegend um Klein- und Mittelbetriebe – wirtschaftlich ins Schleudern kommen." Gerade in Krisenzeiten wird, so Hapala weiter, versucht, in Sachen Lohnverrechnung oder auch Buchhaltung einzusparen. „Unternehmen versuchen gerade in diesem Bereich vieles selbst zu machen." Eine Rechnung, die nicht aufgeht, geht doch hier eine große Anzahl an Arbeitsstunden verloren, die im Betrieb sinnvoller und vor allem effizienter eingesetzt werden können.

»Krisen stellen für mich eine Herausforderung dar. Ich selbst bin in Krisenzeiten besonders mutig und lebendig.«

„Innerbetrieblich müssen Unternehmen ein Vielfaches an Zeitaufwand für die Buchhaltung oder Lohnverrechnung in Eigenregie aufbringen. Im Endeffekt verlieren sie dadurch. Sie verlieren wertvolle Arbeitszeit von mitunter hochbezahlten Mitarbeitern, die in ihren Spezialgebieten in der gleichen Zeit weit mehr erwirtschaften könnten." Das Gleiche gilt auch für Kleinunternehmen, bei denen der Firmeninhaber versucht, selbst die Lohnverrechnung oder auch die Buchhaltung zu übernehmen. „Ich habe hier die Erfahrung gemacht, dass sich Menschen zu viel zutrauen", erklärt Frau Hapala nicht ganz unkritisch und auf lange Jahre Erfahrung zurückblickend. Ein Faktum, das die Zusammenarbeit mit Klienten nicht immer leicht macht. „Die größten Schwierigkeiten habe ich mit Kunden, bei denen beispielsweise der Mann den Steuerausgleich für seine Frau macht. Ist das Ergebnis der Steuererklärung nicht zufriedenstellend, hat der Mann sofort in uns – der Steuerberatungskanzlei – einen Sündenbock gefunden. Damit so etwas nicht passiert, versuchen wir prinzipiell direkt mit unseren Kunden zu kommunizieren und nicht über Dritte."

„Generell ist unser Geschäft mit einem negativen Image behaftet", beschreibt die Unternehmerin ihre Branche. „Das ist wie beim Zahnarzt. Niemand kommt gerne zu uns, denn schlussendlich bedeutet das Ergebnis der Zusammenarbeit immer, Steuern zahlen zu müssen." Das ist nicht immer einfach für die eigene Motivation. Und mit einem Augenzwinkern: „Zu uns kommt niemand mit einem Blumenstrauß und bedankt sich – so wie beispielsweise zu meiner Fußpflegerin. Aber erst heute hat eine Klientin Danke gesagt – das hat für mich großes Gewicht und bringt mich weiter."

»Wir versuchen prinzipiell direkt mit unseren Kunden zu kommunizieren und nicht über Dritte.«

Begonnen hat alles vor 20 Jahren – damals mit einem zehn Monate alten Kind, alleinerziehend und jedenfalls mit dem Wunsch, nicht mehr angestellt zu sein. In der eigenen Wohnung wurde ein Zimmer zum Büro umfunktioniert, zwei junge Männer wurden für die Mitarbeit gewonnen, der eine übernahm zum Großteil auch das Babysitting. „40 Schilling in der Stunde konnte ich den beiden damals bezahlen. Es war eine finanziell schwierige Zeit, aber wir wussten, dass wir gemeinsam etwas aufbauen, etwas bewegen wollen." Und die beiden Herren sind nach wie vor im Unternehmen. Das Geld als Motivator kann es also nicht gewesen sein. „Es dürfte wohl der Zusammenhalt, das Zwischenmenschliche, gepaart mit der Motivation, gemeinsam etwas bewegen zu wollen, gewesen sein."

Einfach war und ist es nicht immer. So erzählt die Unternehmerin von den Anfängen, als sie während eines Kundentermins ihr Kind stillte, damals ein Fauxpas aus Sicht des potenziellen Neukunden, der sich nicht mehr meldete. Jahre später – als Familienvater – kehrte er zurück und blieb. Auch das ist etwas, was Frau Hapala auszeichnet: Sie hat ihre Prinzipien, die sie vertritt. „Es gibt natürlich immer wieder Kunden oder auch Mitarbeiter, die damit nicht umgehen können. Das spürt man schon sehr bald. Da stimmt die Kommunikation nicht. In solchen Fällen muss man sich von diesen eingegangenen Beziehungen lösen und wieder nach vorne sehen." Dennoch, man spürt die Freude, das Vergnügen, das es ihr bereitet, gemeinsam mit Kunden etwas zu erreichen, egal, ob es um trockene Bilanzen geht oder ob das persönliche Coaching im Vordergrund steht. Sie möchte das Beste für ihre Kunden herausholen, und das Beste kann wohl nur mit einer gewissen Konsequenz erreicht werden.

Und das Beste sind – da bleibt im Gespräch mit Frau Hapala kein Zweifel offen – ihre Mitarbeiter. Gleich zu Beginn des Gesprächs holt die Unternehmerin die Firmenkarte hervor und beschreibt mit Stolz ihre Mitarbeiter. Da sind eben genau diese zwei Männer zu sehen, die sie bereits seit 20 Jahren begleiten, oder die zwei Türkinnen, genauso wie zwei Frauen aus Rumänien und jene aus Serbien. Gemeinsam mit den Österreichern ergibt das ein multikulturelles, buntes Bild. Dass sie zwei Mitarbeiter pro Herkunftsland beschäftigt, ergab sich anfangs eher zufällig. So wurde bereits 1991 die erste türkischstämmige Mitarbeiterin aufgenommen. Jahre später, als wieder Personalbedarf bestand, kam die Bewerbung einer weiteren Türkin auf Hapalas Tisch. „Sie hatte nicht nur denselben kulturellen Hintergrund wie meine langjährige Mitarbeiterin, mit der ich sehr zufrieden war und bin. Sie hatte auch am selben Tag Geburtstag.“ Somit war die Entscheidung getroffen. Eine Wahl, die Frau Hapala bis heute nicht bereut. Danach kamen die anderen Nationalitäten hinzu, und „ich dachte, dass sich meine Mitarbeiter wohler fühlen, wenn sie jemand Zweiten mit demselben kulturellen Background im Team haben.“ Eine Entscheidung aus dem Bauch heraus. Eine Entscheidung, die nicht nur ihre Befürworter fand. „Einige Geschäftspartner fühlen sich irritiert, wenn jemand in einer Steuerberatungskanzlei das Telefon abhebt, der nicht richtig Deutsch spricht. Aber man kann es schließlich nicht jedem recht machen." Und: „Wie sollen unsere Mitarbeiter denn sonst lernen, wenn nicht direkt an der Front?" Erst Jahre später wurde ihr der Mehrwert dieser mehrsprachigen Mitarbeiter bewusst. So hat sich heute ein lukrativer Geschäftszweig im Bereich der Kleinunternehmen mit türkischen, kroatischen oder auch serbischen Wurzeln ergeben. Dieser Entwicklung Rechnung tragend, wurde erst unlängst auch die Homepage mit diesen Sprachen gespeist. Und auch die Anerkennung von außen kam erst später, u. a. als Frau Hapala gemeinsam mit ihrem aus Serbien stammenden Mentee Zaklina Gudojevic bei der Mentora 2006 für interkulturelles Mentoring mit dem ersten Platz ausgezeichnet wurde.

»Ich dachte, dass sich meine Mitarbeiter wohler fühlen, wenn sie jemand Zweiten mit demselben kulturellen Background im Team haben.«

Egal, welche Wurzeln oder welche Nationalität, die Mitarbeiter der human money company sind seit langen Jahren der Kanzlei treu, sind hochmotiviert und loyal. Das Geld kann es nicht sein, denn „meine Mitarbeiter verlassen sich auf mich. Wenn ich in einem Monat nicht gleich zu Beginn das Gehalt zahlen kann, hat niemand ein Problem damit, wenn er es erst einige Tage später bekommt. Ich habe sogar schon mal Gehälter in Raten gezahlt." Im Gegenzug bekommen die Mitarbeiter jedoch vieles. Vieles, was man einmal mehr nicht in Zahlen ausdrücken kann. „Momentan läuft es in unserer Kanzlei sehr rund. Das heißt, niemand von uns hat schwerwiegende Probleme, wir konnten sie alle gemeinsam lösen. Das ist mir persönlich immer ein großes Anliegen." Was so viel heißt wie: Gemeinsam – also die Familie „the human money company" mit Oberhaupt Hapala – half man mental, und mitunter auch finanziell, seinen Mitgliedern. So „haben wir Trennungen und andere persönliche Schicksalsschläge jedes Einzelnen erfolgreich hinter uns gebracht". Denn: „Wichtig ist, miteinander zu reden und gemeinsam Probleme zu lösen – seien sie beruflicher oder eben auch privater Natur." Und dann sind da noch die Kurse, die, die nicht nur beruflich weiterbringen, die, womit Persönlichkeiten heranreifen. Von der Astrologie bis hin zu Inner Wise® (siehe Kasten) – Frau Hapala will ihren Mitarbeitern Wissen im ganzheitlichen Sinne bereitstellen. Was natürlich auch die Ausbildung zur Wirtschaftstreuhand-Assistentin oder zur Buchhalterin bedeutet.

»Wichtig ist, miteinander zu reden und gemeinsam Probleme zu lösen – seien sie beruflicher oder eben auch privater Natur.«

Die Entscheidungsprozesse in diesem Miteinander sind so transparent wie konstruktiv. „Zum Beispiel die Farbe Lila. Wir haben uns erst unlängst für diese Farbe entschieden, ich liebe diese Farbe und ich wollte sie als Firmenfarbe unbedingt umsetzen. Natürlich habe ich das meinen Mitarbeitern zur Diskussion gestellt. Von ihnen kam dann der Hinweis, dass Gelb auch eine passende und sehr schöne Farbe wäre.“ Fazit: Die Firmenkarte ist vorne in Lila und hinten in Gelb gehalten, das Briefpapier einmal in Gelb, einmal in Lila – jeder, wie er es möchte. „Ich bin meinen Mitarbeitern für diesen Input dankbar. Dieser Entscheidungsprozess war eindeutig eine Erweiterung meines eigenen Gedankenhorizonts.“

Die offene Kommunikation scheint also das Erfolgsgeheimnis zu sein. Immer dienstags wird gemeinsam zu Mittag gegessen, aber auch sonst wird das offene Gespräch gelebt. „Einmal wollte ein Kollege von meinen Mitarbeitern herausbekommen, was sie an mir stört. Er hat es wirklich versucht, hat aber keinen einzigen essenziellen Punkt erfahren. Das liegt jetzt nicht an meiner Unfehlbarkeit – nein, denn meine direkte Art liegt sicher nicht jedem. Es liegt daran, dass wir nicht hinter unseren Rücken tratschen, sondern jedes Problem offen aussprechen.“ Eine nicht immer angenehme Vorgehensweise mit großem Konfliktpotenzial. „Da kann es richtig laut werden und wir gehen im Zorn auseinander. Nicht lange nach einer Auseinandersetzung kommt eine SMS oder ein E-Mail und schließlich ein klärendes Gespräch, auch wenn das manchmal nicht leichtfällt.“

System-Optimierung bei the human money company

Oft reicht ein unzufriedener Mitarbeiter, um ein ganzes Unternehmen aus dem Gleichgewicht zu bringen. Eine etwas andere Möglichkeit, dieses nachhaltig wiederherzustellen, wählte Mag. Hapala mit einer Methode namens Inner Wise®. Zu dieser Zeit hatte die Kanzlei sowohl mit Mitarbeiter- als auch mit Klienten-Fluktuation zu kämpfen, darüber hinaus stand eine Betriebsprüfung an „sowie eine notwendig gewordene energetische Reinigung der Büroräume". Ziel war es, den Energiefluss zum Wohl des Gesamtsystems wieder zu stärken. Etwas weniger esoterisch heißt das: Ziele waren die Teamoptimierung und die Analyse von Mitarbeiterpotenzial ebenso wie die Erkennung von Standortpotenzial und -risiken.

»Entscheidende Grundlage dieser System-Optimierung ist in jedem Fall die Beauftragung durch die System-Leitungspersönlichkeit.«

Das System Inner Wise ist in seiner Ausrichtung kompromisslos ganzheitlich. In die Analyse einbezogen werden sowohl alle Beteiligten und die zur Verfügung stehenden Räumlichkeiten als auch alle anderen in irgendeiner Weise Betroffenen. „Entscheidende Grundlage dieser System-Optimierung ist in jedem Fall die Beauftragung durch die System-Leitungspersönlichkeit, auf hierarchisch übergeordnete Ebenen darf niemals eingewirkt werden", erklärt Isabella Farkasch, ihres Zeichens Inner Wise Practitioner und für die Umsetzung bei the human money company (hmc) verantwortlich. Im Falle der Steuerberatungskanzlei wurde demnach Frau Hapala gebeten, eine Darstellung des Unternehmens in Form einer Mind-Map zu skizzieren. „Diese Form macht Beziehungsirritationen, Fehlpositionierungen oder mögliche Blockaden sichtbar", so Farkasch weiter. Dann gibt es noch die „Wirk-Frequenzen" der Inner Wise „Schatzkiste", die wie Weichensteller zum Einsatz kommen „und wie ein Turboantrieb, vor allem aber ausgleichend wirken". In diesem Sinne wurden innerhalb der hmc die Auswirkungen der Beziehungen auf Stressfaktoren ausgetestet und, wo es nötig war, durch Wirk-Frequenzen ausgeglichen, wodurch eine Veränderungsbewegung unterstützt wurde.

»Eine Mind-Map des Unternehmens macht Beziehungsirritationen, Fehlpositionierungen oder mögliche Blockaden sichtbar.«

„Im Rückblick konnte ich feststellen, dass eine Mitarbeiterin, die zwar fachlich sehr kompetent, gleichzeitig aber sehr dominant war, in einem Spannungsverhältnis insbesondere zu einem der Gründungsmitglieder und Geschäftspartner stand", beschreibt Farkasch. Diese Mitarbeiterin benötigte die meisten „Frequenzen", im Sinne von Inner Wise waren das u. a. „Die Farbe der Roten Bete, Instinkt, Mut, Aktivität oder auch Energie, Offenheit und Dynamik. Rot entzündet, erhöht das Tempo. Es ist die Farbe der Wärme und des Triebes."

Diese Energie hatte also buchstäblich „Feuer gelegt" und führte zu einer unvermeidlichen inneren Hitze auf Grund von durch sie verursachten Unstimmigkeiten und beschleunigte das Unvermeidliche. Das Unvermeidliche war letztendlich das Ausscheiden der Mitarbeiterin aus dem Unternehmen.
Gleichzeitig wurde jener Mitarbeiter, der mit der Kollegin eine schwierige Kommunikationsbasis hatte, mit der Information eines Zeichens aus dem chinesischen Weisheitsbuch „I Ging" Nr. 30, dem „Zusammenwirken", bespielt. „Damit erhielt er eine förderliche energetische Information, um die Vielfalt der Aufgaben synergistisch bewältigen zu können, die dadurch gewonnene Klarheit konnte wirken, sozusagen von der gegenüberliegenden Position innerhalb des Systems", erklärt Farkasch.
Für einige andere Mitarbeiter wie auch für Frau Hapala selbst gab es ausgleichende Informationen aus der „Schatzkiste". „Dadurch entwickelte sich der Veränderungsprozess für alle Beteiligten harmonisch, die Zusammenarbeit war ganz selbstverständlich optimiert und die emotionale Komponente konnte gut bewältigt werden", so Isabella Farkasch weiter.
Auch die ehemalige Mitarbeiterin konnte sich unangenehmen Auseinandersetzungen entziehen. Gleichzeitig ermöglichte der Abgang der dominanten Mitarbeiterin die Entfaltung der ursprünglich zu ihrer Unterstützung engagierten neuen Mitarbeiterin, die das gesamte Pensum effizienter, fehlerfreier und selbstverständlicher erledigt.

»Die systemische Arbeit mit Inner Wise läuft rein intuitiv ab.«

Bei einem Check rund ein Jahr später stellte Frau Hapala überrascht fest, dass sie das seinerzeit als Mind-Map erstellte „Bild der hmc“ nunmehr ganz anders zeichnen würde. „Auf meine Bitte, dies zu tun, zeigte sich ein durch und durch stimmiges Bild, das auch ihr deutlich machte, wie stabil und harmonisch das Gefüge hmc mit allen seinen Mitarbeitern nun geworden war“, erzählt Farkasch. Das neue Bild der hmc zeigte eine Dreiecksstruktur, die die unterschiedlichen Arbeitsfelder deutlich macht und Mitarbeiter in logischen Teams darstellt.
„Hervorzuheben ist, dass diese systemische Arbeit mit Inner Wise rein intuitiv abläuft, die Mitarbeiter im konkreten Fall zwar informiert waren, dass energetisch gearbeitet werde, die Details, insbesondere die behauptete Zielorientierung der Frequenzen, ihnen aber unbekannt waren. Dadurch konnte der viel bemühte Placebo-Effekt ausgeschlossen werden“, so Farkasch abschließend.

Nicht zu vergessen ist auch das Raumkonzept der Kanzlei, das nach Feng-Shui-Kriterien aufgebaut ist und einmal mehr zum harmonischen Miteinander beiträgt. „Zumindest teilweise versuche ich mich daran zu halten. Es kann jedoch auch vorkommen, dass meine Mitarbeiter eines Morgens ins Büro kommen und ich habe die

Möbel umgestellt“ – sagt’s und lacht dieses herzhafte Lachen, das bereits das gesamte Gespräch begleitet und äußerer Ausdruck ihrer inneren Herzlichkeit zu sein scheint.

Erfrischend anders, erfrischend kreativ und unverhofft menschlich stellt sich diese Steuerberatungskanzlei dar. Das Geheimnis?! Transparenz, Offenheit und Ehrlichkeit, gepaart mit einem Schuss Heiterkeit und dem Ansatz, „auch mal zwischen den Zeilen zu lesen“ – dem Ansatz von Nachhaltigkeit.

(as)

Josef Zotter

Der Authentische

Wie soll man es nun nennen? „Nachhaltigkeit"? „Wir sind von unserer Wurzel her ein nachhaltiges Unternehmen", sagt Josef Zotter. „Ich habe selbst schon darüber nachgedacht, welchen Ausdruck man sonst verwenden könnte, aber mir fällt kein besserer ein. Ich denke, ein Unternehmen, das wirklich nachhaltig ist und diesen Gedanken auch lebt, erkennt man daran, dass es eben keinen Nachhaltigkeitsbericht veröffentlicht."

Ein Unternehmen könne nur in seiner Gesamtheit nachhaltig agieren, meint Zotter, und wenn es das tue, bedürfe es keiner Begrifflichkeit mehr: „Ein Lebensmittel-Unternehmen mit einer ‚Bio-Linie' neben einer konventionellen ist bestimmt nicht nachhaltig. Entweder man lebt es durch und durch, oder eben nicht. Der Begriff ‚Nachhaltigkeit' verleitet zu Missbrauch – wie jeder Begriff, der gerade modern ist."

»Ein Lebensmittel-Unternehmen mit einer ›Bio-Linie‹ neben einer konventionellen ist bestimmt nicht nachhaltig. Entweder man lebt es durch und durch oder eben nicht.«

Josef Zotter entzieht sich der Kategorisierung. Die Zotter Schokoladen Manufaktur im steirischen Bergl ist ein klassisches KMU – und gleichzeitig wird hier an einer Marke gearbeitet, die weit über Österreich hinaus immer mehr an Renommee gewinnt. Zotter selbst betont seine ländliche Herkunft durchaus authentisch, bis hin zur konsequenten Weigerung, seinen Dialekt abzulegen – und führt sein Unternehmen gleichzeitig mittels hochprofessionellen Marketings.

Die Rolle als schwer Zuordenbarer erlaubt ihm auch weitgehende Offenheit bei der Analyse des Zustandes der Wirtschaft. „Ich bin als Unternehmer zum Glück in der Lage, im Wesentlichen tun und auch sagen zu können, was ich will.“ Das klingt dann etwa so: „Ich habe kürzlich mit dem Europa-Chef eines großen Süßwarenherstellers gesprochen. Die haben auf ihrer Agenda, dass sie bis 2020 nur mehr fair gehandelte Rohstoffe verarbeiten werden. Also habe ich ihn gefragt: ‚Und wieso braucht ihr dafür bis 2020? Wenn Sie es wirklich wollen, dann können Sie es schon morgen umsetzen. Sie müssen für die Tonne Kakao einfach nur ein paar hundert Dollar mehr bezahlen, und schon ist die Frage erledigt.‘ Aber ich weiß schon: Die paar hundert Dollar mal die unglaublichen Mengen ergeben wahrscheinlich genau das, was sie an Gewinn machen.“

Oder so: „Ich denke, ein Unternehmen mit bis zu fünf Mitarbeitern dient noch dem Unternehmer selbst. Alles, was darüber hinausgeht, ist im Grunde nicht mehr nötig – denn was soll man als Unternehmer dann tun? Sich goldene Türschlösser zulegen? Spätestens ab einer solchen Größe setzt die Verantwortlichkeit für das Gemeinwohl ein. Viele Unternehmer meinen, auf Teufel komm raus expandieren zu müssen, und dafür benötigen sie natürlich Kapital. Also gehen sie zur Bank oder besorgen sich Geld auf dem freien Kapitalmarkt. Und schon begeben sie sich aus Gier in die Abhängigkeit. Sehen Sie sich doch an, was gerade passiert: Es geht schon wieder los, dieses Geldbeschaffen auf dem sogenannten Kapitalmarkt. Wir haben also gar nichts gelernt! Diese Gier scheint ein genetischer Defekt des Menschen zu sein."

Kooperation

„Sie glauben gar nicht, wie lange es gedauert hat, meine Kakaobauern dazu zu bringen, dass sie mir anständigen Kakao machen", sagt Josef Zotter. Die dachten zunächst, sie machen das für mich – aber sie machen es ja für sich selbst! Es ist ganz einfach: Wenn sie guten Kakao herstellen, kann ich ihn gut verkaufen und sie wiederum gut bezahlen. So funktioniert das."

Seit 2007 bezieht Zotter die Kakaobohnen für die Produktion ausschließlich aus Ecuador, Peru, der Dominikanischen Republik und Nicaragua, also einigen der ärmsten Länder der Welt. Vor allem die Kooperation mit den nicaraguanischen Bauern ist intensiv: Über ein Public Private Partnership arbeiten die Austrian Development Agency ADA und die Initiative Eine Welt Braunau mit drei nicaraguanischen Kooperativen.
Die Zotter Schokoladen Manufaktur steht den Kakaoproduzenten gemeinsam mit „Eine Welt" und Horizont 3000 als Berater zur Verfügung.

„Es gibt ja nur zwei Möglichkeiten", sagt Josef Zotter: „Entweder man spendet etwas Geld. Das ist gut, und man ist eben eine Zeit lang der Nette. Spenden ist allerdings prinzipiell keine nachhaltige Vorgehensweise.
Oder aber: Man versucht, die Qualität zu verbessern und damit bessere Preise am Weltmarkt zu ermöglichen. Ich setze dabei ganz bewusst nicht auf die emotionale Schiene – nach dem Motto ‚Kauft meine Produkte, die Menschen dort sind nämlich so arm'. Es geht vielmehr darum, fairen Handel als selbstverständlichen Bestandteil der Unternehmensphilosophie zu implementieren."

Josef Zotters Kritik am herrschenden Wirtschaftssystem ist eine fundamentale, und sie klingt keineswegs nach Koketterie: „Wenn man sich die derzeitigen Steuer- und Fördersysteme ansieht, oder auch die Basel-III-Kriterien, dann zielt alles darauf ab, die ‚wilden Hunde', die möglichst kurzfristig denken, durch günstigere Konditionen zu belohnen. Wenn man als Unternehmen nachhaltig agiert, handelt man sich aus wirtschaftlicher Sicht definitiv Nachteile ein, da man ganz einfach zu höheren Kosten produziert. Es braucht daher dringend neue Bewertungskriterien wie etwa den Nutzen für das Gemeinwohl."

Biologisch hergestellte, fair gehandelte Schokolade sei im Supermarktregal allein anhand des Preises ganz einfach von den anderen zu unterscheiden. Der Konsument müsse sich also rational dafür entscheiden, dafür auch mehr Geld auszugeben.

Josef Zotter kann sich etwa einen unterschiedlichen Mehrwertsteuersatz für nachhaltige bzw. nicht nachhaltige Produkte vorstellen. „Damit würde der berühmte Lenkungseffekt eintreten. Warum müssen Bio-Lebensmittel und fair gehandelte teurer sein, wenn sie für das Gemeinwohl besser sind?"

Solange die nicht nachhaltig agierenden Unternehmen unter den gleichen Voraussetzungen agieren wie die nachhaltigen, werde sich daran auch nichts ändern – „so lange wird es ein Markt der Einzelkämpfer sein. Wir sind gewissermaßen trotz dieser Bedingungen wirtschaftlich erfolgreich – auch wenn man das in Österreich ja eher nicht sagen sollte."

Den „absurden Kreislauf", den die sogenannte Optimierung in Gang gesetzt habe, könne letztlich nur der Konsument selbst durchbrechen: „Es gibt zwei Stimmzettel: den bei den Wahlen und den Einkaufszettel. Wer Schokolade kauft, stimmt auch darüber ab, wie es etwa den Kakaobauern in Südamerika gehen soll. Wenn man den Konsumenten sagt, dass man gute Schuhe macht, und man ihm auch beweisen kann, dass sie zwar doppelt so teuer sind, aber dafür dreimal so lange halten, kann man ihn gewinnen. Meine Schokolade ist fünfmal so teuer wie andere, aber ich hoffe, sie ist zehnmal so gut. Das muss der Anspruch sein."

Natürlich unterliegt auch Josef Zotter dem Dilemma, dass das Sprechen über das Gute in manchen den

Verdacht erregt, die moralische Authentizität unterwerfe sich dem Marketing. Zotter entgeht der Falle mit Offenheit: „Natürlich ist Kommunikation ein zentraler Bestandteil des Geschäftserfolges. Aber in der heutigen Zeit zu glauben, etwa mit klassischer Werbung von Fehlern ablenken zu können, ist doch ziemlich naiv. Spätestens mit Facebook ist diese Zeit endgültig vorbei. Ich glaube zutiefst an die transparente Kommunikation im Unternehmen. Ein Unternehmen, das sich nicht öffnet, begeht einen schweren Fehler."

An einem Tisch

Die Werkskantine der Zotter Schokoladen Manufaktur bietet allen Mitarbeitern kostenlose Verpflegung. Vollwertig, gesund, biologisch hergestellt. Unter diesen Voraussetzungen hatte Josef Zotter Kosten von rund sieben Euro pro Mahlzeit errechnet – „und mir war klar, dass kein Mitarbeiter so viel dafür bezahlen würde", erzählt Zotter. „Ich habe lange hin und her gerechnet und kam schließlich auf eine Summe von 160.000 bis 170.000 Euro pro Jahr. Also habe ich beschlossen, dass das Unternehmen selbst die Kantine finanzieren würde."

Der Effekt, sagt Josef Zotter, sei erstaunlich gewesen: „Wir haben nach Einführung dieser Maßnahme eine wesentlich bessere Produktionsleistung – wir haben also Gewinn gemacht." Nach Einführung der kostenlosen

Verpflegung habe die Zahl der Krankenstände deutlich abgenommen, die Mitarbeiter seien spürbar motivierter und damit auch produktiver. Eines war Josef Zotter bei der Gestaltung der Kantine wichtig: Sämtliche Mitarbeiter verbringen die Mahlzeiten an einem einzigen, riesigen Tisch.

Kommunikation, meint Zotter, funktioniere im Grunde ja ganz einfach: „Ein gutes, ein geliebtes Produkt führt automatisch zu Kommunikation. Ich bin ja kein Wunderwuzzi, der alles richtig macht, ich bin aber jemand, der an seinen Produkten hängt und auch selbst ständig in der Produktion steht. Die Zahlen zu analysieren – dafür habe ich Mitarbeiter, die mehr über das Unternehmen wissen als ich. Ich weiß, wie man gute Schokolade macht. Etwas anderes kann ich nicht."

»Wer Schokolade kauft, stimmt auch darüber ab, wie es etwa den Kakaobauern in Südamerika gehen soll.«

Zotter kommuniziert seine Schokoladen-Marke nicht unter einem „Bio"-Label. Die biologischen Herstellungsbedingungen seien zwar ein zentrales Kriterium des Produkts, „aber in erster Linie muss die Schokolade gut sein. Wenn die Schokolade schlecht ist, interessiert den Kunden die Frage, ob sie unter nachhaltigen Bedingungen produziert wurde, nicht im Geringsten."

„Als Kind hat man mir immer die goldene Regel als Richtschnur genannt: Wenn ich heute ein Produkt herstelle, das ich selbst kaufen würde, dann werde ich damit auch erfolgreich sein, davon bin ich zutiefst überzeugt. Ich glaube, dass viele Unternehmer etwas tun, das sie im Herzen gar nicht tun wollen – und das führt zur Sinnkrise."

(bpf)

SONNENTOR

„Ein wichtiges Samenkorn"

Fünf Fragen an Johannes Gutmann, den Gründer und Geschäftsführer der Sonnentor Kräuterhandels GmbH

Die Marke SONNENTOR wird stark mit Nachhaltigkeit und gesellschaftlicher Verantwortung assoziiert. Wie ist eigentlich das Leitbild Ihres Unternehmens?

JOHANNES GUTMANN: Im Leitbild von SONNENTOR sind der Kreislauf, die Wertschätzung sowie der Grundsatz „Leben und leben lassen" verankert. Dieser Grundsatz ist ein wichtiges Samenkorn und findet vielleicht irgendwann fruchtbaren Boden.

Dieses Leitbild bestimmt unseren Umgang mit Kunden und Lieferanten, die Einbindung des regionalen Umfelds in die Unternehmertätigkeit, die Anwendung von Branchenkodizes und vieles mehr. Wir haben unser Miteinander ins Leitbild einfließen lassen, wir agieren und leben danach. Wir entwickeln unsere Produkte nach unserem Empfinden und nach den Wünschen unserer Kunden und nach den Möglichkeiten unserer Lieferanten.

Welche Vorbildfunktion hat dabei die Unternehmensführung? Gibt es etwa Maßnahmen zur Erhöhung der Transparenz?

GUTMANN: Ja, unser Miteinander ist im Leitbild festgeschrieben. Jede Führungsebene ist im monatlich fixen

TQM-Treffen zum gegenseitigen Austausch versammelt. Hier geht es nicht um das Tagesgeschäft, sondern hier werden strategische Entscheidungen demokratisch und für alle transparent getroffen. Jede und jeder ist als Vorbild mit Vertrauen und mit eigenständiger Entscheidungsmöglichkeit ausgestattet.

Was halten Sie von der Idee, Maßnahmen zur Nachhaltigkeit gesetzlich zu verankern?
GUTMANN: Alles, was aufgesetzt und vom Staat vorgeschrieben ist, ist sehr kurzsichtig und nicht ehrlich, wenn die Unternehmen nicht wirklich dahinterstehen. Ich halte von einer verordneten CSR nicht viel. Die Sozialpartner haben es schon versucht, nur der Staat als Arbeitgeber selbst hält sich nicht daran, sonst würde es mit den Staatsbetrieben anders aussehen.

Wie wichtig ist in Ihren Augen eine Koordination der Maßnahmen zwischen den Unternehmen?
GUTMANN: Um CSR zu leben, braucht SONNENTOR keine Vereinigung. Wir tauschen uns laufend mit ähnlich denkenden Unternehmern aus, das Blumauer Manifest (Rogner, SONNENTOR, Zotter) oder auch die KMU-Unternehmensplattform Wirtschaftsantrieb am Punkt (WiP) aus Niederösterreich sind unsere Netzwerke. Schlank, klar und zielorientiert.

Fühlen Sie sich in Ihrem Anliegen von den Medien unterstützt?

GUTMANN: Auf jeden Fall entscheidet zum Schluss der Konsument mit seinem Kauf oder Nichtkauf. Laufende Berichterstattungen über Umwelt-, Polit- und Lebensmittelskandale sensibilisieren und fördern ein anderes Bewusstsein. Das sind zwar nur die Spitzen der Eisberge, aber schon das genügt oft.

(as)

Anstelle eines Nachworts

„Das Unwort des 21. Jahrhunderts"

Boris Marte, der Managing Director der ERSTE Stiftung, über die Notwendigkeit, den Begriff der Corporate Social Responsibility zu dekonstruieren, um ihn (wieder) mit Bedeutung aufzuladen.

Im Zusammenhang mit der Wirtschaftskrise tauchten auch Hoffnungen auf, in ihrem Fahrwasser könnten Themen wie gesellschaftliche Verantwortung letztlich befördert werden. Bemerken Sie davon etwas?

BORIS MARTE: Nein, substanziell hat diese Krise nichts verändert. Mein Blick auf CSR ist grundsätzlich sehr kritisch. CSR ist in meinen Augen das Unwort des 21. Jahrhunderts. Ich kenne kein zweites derartig missbräuchlich verwendetes Alibi. Unternehmen tun sich selbst damit nichts Gutes, sofern sie nicht einen wirklich grundsätzlichen Zugang zu ihrer Position in der Gesellschaft finden, der jenseits der Tatsache funktionieren muss, dass man irgendwo eine kleine Abteilung einrichtet, die mit ein wenig Geld ein paar nette Dinge tun darf, die aber strukturell an der Positionierung des Unternehmens in dem Gebiet, in dem es sich engagiert, nichts verändert.

Ich habe sehr häufig das Gefühl, dass es bei CSR um Eitelkeiten geht und nicht um Projekte, die einerseits die Essenz des Unternehmens betreffen und andererseits einen innovativen Zusammenhang begründen, indem sich das Unternehmen auf eine völlig neue Art der Gesellschaft und ihren Herausforderungen zuwendet.

Alle sprechen von Nachhaltigkeit, aber die meisten CSR-Projekte sind nicht nachhaltig, sie haben nur ein anderes Ticket bekommen. Die Budgets, die für CSR aufgewendet werden, sind in den meisten Fällen peinlich. Natürlich ist die Höhe der Budgets per se nicht der relevante Faktor, sie wird jedoch von vielen Unternehmen selbst als Argument in den Vordergrund gestellt – womit natürlich jeder Anspruch entfällt, das Unternehmen tatsächlich verändert zu haben beziehungsweise in der Gesellschaft einen strukturellen, innovativen Gedanken implementiert zu haben, der einen Social Benefit nach sich zieht.

Und daran hat sich in den beiden vergangenen Jahren in Ihren Augen nichts verändert?

Marte: Ein gewisser Schwenk hat durchaus stattgefunden: Man hat ein wenig restrukturiert, die Budgets ein wenig verringert – und man hat auf Projekte fokussiert, die stärker im Interesse des Unternehmens liegen. Das ist auf den ersten Blick sinnvoll, auf den zweiten Blick jedoch zu hinterfragen: Denn sinnvoll ist es nur dann, wenn das eigene Interesse und das gesellschaftliche Interesse gleichermaßen wahrgenommen werden.

»Ich habe sehr häufig das Gefühl, dass es bei CSR um Eitelkeiten geht.«

Ich möchte hier bestimmt nicht einzelne Projekte diskreditieren, aber ich stelle fest, dass die meisten Unternehmen beim Thema CSR zunächst fragen: Was bringt uns das? Und nicht: Was bringt es der Gesellschaft? Und was bringt es unserem Projektpartner?

Ich bin immer davon ausgegangen, dass ökonomische und gesellschaftliche Interessen in unseren Projekten einander häufig ausschließen – weil es hier völlig unterschiedliche Returns gibt. Dies abzustreiten wäre naiv. Das intensive gemeinsame Arbeiten, das Eröffnen von neuen Räumen der Diskussion, das Infragestellen der eigenen Position schaffen jedoch Möglichkeiten, gemeinsame Interessen zu finden. Auf diesen Prozess muss man sich allerdings intensiv einlassen. Den schnellen Erfolg kann man hier nicht erwarten.

Die unbedingte Voraussetzung, um mit einem Projektpartner zum Ziel zu gelangen, ist, die eigenen Positionen in einer gewissen Verletzlichkeit preiszugeben. Sonst bleiben die beiden Welten getrennt. Sonst bleibt es ein relativ kleines Investment, das dem Partner vielleicht ein wenig hilft, aber letztlich nur die eigenen Interessen in den Vordergrund stellt.

Die Frage, was CSR dem Unternehmen bringt, ist also nicht die falsche, sie darf nur nicht am Beginn eines Projektes stehen?

MARTE: Ja. Es wäre naiv, den eigenen Standpunkt zu verstecken oder nicht klar zum Ausdruck zu bringen. Dieser Standpunkt muss da sein, und zwar sehr lebendig. Er muss aber auch die eigene Schwäche zulassen, er muss öffnend wirken. Die eigene Position wird nur selten hinterfragt, und damit haben die Projekte für die Identität des Unternehmens im Grunde keinen zusätzlichen Wert. Dieser Wert entsteht nur dann, wenn die Identität des Unternehmens betroffen ist und in Frage gestellt wird. Nur dann kann ein Unternehmen gemeinsam mit dem Partner einen Schritt nach vorne machen – in der Art, wie sich das Unternehmen verhält, und in der Art, wie das Projekt Wirkung nach außen entfaltet.

»Die eigene Position wird nur selten hinterfragt, und damit haben die Projekte für die Identität des Unternehmens im Grunde keinen zusätzlichen Wert.«

Diese Bereitschaft, wirklich etwas preiszugeben und dadurch auch einen tatsächlichen Veränderungsprozess zu ermöglichen, sehe ich nur selten. Und daher bin ich so skeptisch. Ich beobachte im Zusammenhang mit CSR vor allem einen verstärkten Marketing-Auftritt, aber ich sehe ganz wenig Innovation, die den eigenen Standpunkt reflexiv und somit dem Partner zugänglich macht.

Die Bilanz, die Sie hier über die vergangenen Jahre ziehen, ist aber einigermaßen ernüchternd.

Marte: Wenn Sie so wollen: ein klares Ja. Natürlich gibt es sehr wertvolle Projekte, das will ich überhaupt nicht diskreditieren. Ich sage nur: Wenn man genau hinsieht, dann hat die Tiefe der Auseinandersetzung eher abgenommen als zugenommen. Weil man angesichts der Krise vorsichtiger geworden ist, weil man aufgrund zurückgefahrener Budgets weniger experimentieren kann, weil man eher auf den guten Ruf aus ist und nicht auf das Risiko oder den Bruch, die Infragestellung. Weil man sehr darauf bedacht ist, den Kunden oder der Öffentlichkeit gegenüber ein reines Gewissen zu zeigen. Das steht völlig im Vordergrund und nicht die Qualität des Projekts, das ja – wenn man es wirklich ernst nimmt – auch das eine oder andere kritische Momentum beinhalten kann oder sogar manchmal muss. Also Repräsentativität vor Produktivität.

Hier sind wir an einem kritischen Punkt: Denn was hieße es denn, wirklich in einen Veränderungsprozess einzusteigen, ihn zuzulassen, um die eigene Position zu erneuern – das wäre in meinen Augen die Begrifflichkeit von CSR, die ich verstehen und nachvollziehen könnte: Ich tue das, um mich zu öffnen, um meine eigene Realität der Welt anzupassen, und um damit auch ein besseres Unternehmen zu werden, das seinen Kunden auch ein besseres Produkt liefert. Weil ich erkannt habe, dass das letztlich auch für das Unternehmen eine bessere Marktstellung bringt. Damit dies aber wirklich funktioniert, bedarf es eines tiefgreifenden Reengineering-Prozesses.

Was schlagen Sie also vor?

MARTE: Man muss den Begriff CSR völlig dekonstruieren, um in den Kern der Diskussion vorstoßen zu können. Wir haben als Gesellschaft Flächen organisiert, Preise, die wir vergeben, weihnachtliche Stimmungen, die wir erzeugen, und Inseraten-Volumen, das wir zur Verfügung stellen – das ist eine Gutes-Gewissen-Maschine, die unfassbar billig zu haben ist. Wir klopfen einander auf die Schulter, sind dabei aber völlig frei vom Erkennen der eigentlichen Problemstellungen.

Daher müssen wir den Begriff CSR dekonstruieren, um wieder einen freien Blick auf etwas zu haben, das wieder Relevanz, Klarheit, Ehrlichkeit in die Diskussion hineinbringt.

Gerade im Kulturbereich erlebe ich immer wieder, dass das Geld an genau die Institutionen geht, die es eigentlich ohnehin schon haben. Manche CEOs sponsern im Zweifel eben doch lieber die Salzburger Festspiele. So manches Bundesmuseum braucht aber nicht noch den fünften Sponsor. Zugleich fehlt das Geld an allen Ecken und Enden, wenn es darum geht, Künstlerinnen und Künstlern Möglichkeiten zu bieten, ein soziales Leben zu organisieren. Wenn ich mich wirklich im Kulturbereich engagieren will, wirklich ein Risiko auf mich nehmen will, indem ich in Projekte investiere, die keine Öffentlichkeit bringen – dann wird es sehr dünn, dann ist plötzlich nichts da. Wenn ich aber Sicherheit will, wenn es um die Zelebration meines Logos geht, dann fließt das Geld.

Das Bürgertum, das Anfang des 20. Jahrhunderts gegen den Widerstand der Bevölkerung Einrichtungen wie die Wiener Secession ermöglicht hat – das war noch Mut. Diese Mäzene haben Philosophen und Modernisten unterstützt. Wir sind zu einer Gesellschaft geworden, die auf Repräsentanz und Sicherheit setzt und sich nicht mehr traut, der Gesellschaft eine Möglichkeit zu geben, sich weiterzuentwickeln.

Das offiziell Gute zu hinterfragen ist dabei sehr schwierig. Mir geht es nicht darum, Projekte schlechtzumachen, sondern mir geht es um die Haltung dahinter und um das, was versäumt wird.

Was als Finanzkrise begann, wurde zu einer Wirtschaftskrise, und viele sprechen von einer Sinnkrise der westlichen Gesellschaft. Sehen Sie denn überhaupt keine Verbesserung in Ihrem Sinne?

MARTE: Da bin ich sehr skeptisch. Ich habe nicht den Eindruck, dass die Institutionen der Wirtschaft ihre Ressourcen in den vergangenen Jahren in einer Weise entwickelt haben, die sie heute in die Lage versetzt, einen solchen Diskurs zu führen. Wer soll es denn machen? Wer hat in den Unternehmen die Kapazität, einen solchen Nachdenkprozess zu führen? Höchstens vielleicht Beratungs-Institutionen, aber die gehen in Richtung Rationalisierung, in Richtung Reengineering. Ihre Annahme könnte schon richtig sein, mir ist allerdings nichts wirklich Spannendes begegnet. Ich bin ein aufmerksamer Beobachter der Szene, aber ich befürchte, dass diese Ressourcen nicht entwickelt wurden – und die fehlen uns jetzt an allen Ecken und Enden.

Wenn es in den führenden Positionen nicht genügend Menschen gibt, die willens oder fähig sind, CSR in Ihrem Sinne zu dekonstruieren: Ist dann der gute alte Think Tank die bessere Alternative?

MARTE: Wenn ein Think Tank funktionieren soll, braucht er sehr viel Zeit, Energie, Ressourcen – und Respekt vor der intellektuellen Leistung. Das sind aber Tugenden, die man in diesem Bereich nicht automatisch findet. Denker werden gerne als Wolkenschieber diskreditiert, als ineffizient, als nicht bereit, sich in Frage stellen zu lassen. Dieses Phänomen betrifft nicht nur die Wirtschaft, es ist etwa auch in der Politik sehr verbreitet.

Wir bräuchten zwischen Politik, Gesellschaft und Wirtschaft jonglierende Institutionen, die es beherrschen, durch Unabhängigkeit Sachlichkeit zu erzeugen. In den vergangenen Jahren wäre das Kapital vorhanden gewesen, solche Institutionen zu schaffen, aber wir haben es verabsäumt. Neben den diversen Partei-Akademien – die aber völlig eigene Interessen haben – gibt es kaum Instanzen, die eine gewisse Unabhängigkeit in die Diskussion werfen könnten. Dabei gäbe es in Österreich genügend Institute und auch qualifizierte Personen mit ausreichend Kraft – die aber dann nicht ernst genommen werden. Sie werden nicht eingeladen, sie werden nicht herangezogen und nicht ernst genommen. Und daher tun wir uns so schwer mit einer Re-Definition des Eigenen, mit einer Selbstreflexion, die wirklich Substanz hat.

CSR ist in Ihren Augen also nicht nur Chefsache, sondern Sache eines Chefs, der erkennt, dass er selbst es nicht machen kann und daher jemand Kompetenten mit genügend finanziellem und moralischem Pouvoir ausstattet?
MARTE: Richtig. Und dann muss es die ganze Firma beschäftigen. Es kann nicht nur Sache des CEO sein, weil dann häufig auch gewisse persönliche Prioritäten im Vordergrund stehen und nicht strukturelle Fragestellungen zur Positionierung der Firma. Ich glaube, dass zum Beispiel alle großen kulturellen Engagements in diesem Land auf persönliche Prioritäten und individuelle Geschmacklichkeiten von CEOs zurückgehen – letztlich auf Kosten von Nachhaltigkeit.

Finden Sie für Ihre Idee der Notwendigkeit der Dekonstruktion Partner in anderen Unternehmen?
MARTE: Wenige. Martin Essl von bauMax fällt mir ein. Was Essl mit behinderten Menschen in der bauMax-Gruppe macht, ist hervorragend. Es ist richtig tiefgehend, die Mitarbeiter inkludierend, es geschieht mitten im Zentrum der gesamten Gruppe. Auch mit Günter Geyer von der Wiener Städtischen finde ich mich absolut auf einer Ebene des Einverständnisses. Es gibt durchaus Menschen, die erkennen, dass dieses Thema eine andere Tiefe braucht. Und auf dieser Ebene kooperieren wir auch.

Sie sprachen vorhin von gestiegener Erwartungshaltung der Kunden. Welche Erwartungshaltung ist das?
MARTE: Sie wollen, wenn sie Produkte kaufen, auch Werte kaufen. Zumindest im Bio-Bereich können sie sich bereits keine andere Welt mehr vorstellen. Hier hat sich in den vergangenen zehn Jahren wirklich etwas verschoben. Das Bewusstsein dafür hat sich auch in sozialen Schichten verändert, die noch vor einem Jahrzehnt überhaupt nicht daran dachten und es sich wohl auch nicht leisten konnten.

Jede Branche muss für sich selbst finden, welche Wertigkeit in einem Produkt mitverkauft wird, denn die Kunden der Zukunft sind Kunden, die Werte verlangen, um ihre Bedürfnisse über das rein materielle Bedürfnis hinaus mitgestalten zu können. Das wird meiner Meinung nach auch Branchen betreffen, die das heute noch nicht so interpretieren oder verstehen.

Und das wird auch so bleiben, wenn diese Krise überwunden ist?
MARTE: Ja, das wird bleiben. Weil sich zukünftige Wachstumsstrategien mit einem neuen Kundenverständnis auseinandersetzen werden müssen.

(bpf)

Die Autoren

Andrea Stoidl

Abschluss in Publizistik- und Kommunikationswissenschaft an der Universität Wien, Redaktion im Bereich Marketing, Kommunikation und Medien. Seit 2008 Geschäftsführerin des Österreichischen Werberats, der das verantwortungsbewusste Handeln der Werbewirtschaft und ihr Ansehen in der Öffentlichkeit fördert.

Bernhard Pruckner-Fragner

Nach dem Studium der Biologie und Medizin an der Universität Wien Redaktionstätigkeit für Fachmedien in den Bereichen Wirtschaft, Marketing und Verkauf, Medien und Werbung sowie Technik und Tourismus. Seit 2005 Chefredakteur des Fachmagazins a3 BOOM!

Renate Böhm
Birgit Buchinger
Mythen von
Arbeit und Altern